幼稚園教育指導資料第３集

幼 児 理 解 と 評 価

平成22年7月改訂

文 部 科 学 省

ま え が き

幼稚園教育要領は、幼稚園教育において幼児一人一人の特性に応じ発達の課題に即した指導を重視しなければならないとしています。そのためには、教師が一人一人の幼児をよく理解し、それに基づいて日々の保育をつくりだすとともに、絶えず幼児の発達する姿に照らして自らの保育を反省し、見直していくことが求められています。

本書は、幼稚園教員が一人一人の幼児を理解し、適切な評価に基づいて保育を改善していくための基本的な考え方や方法などについて、実践事例を取り上げながら解説するものです。本書は、平成４年10月に初版を刊行し、平成16年９月に一部修正しておりますが、平成21年の幼稚園幼児指導要録の改善で示した指導要録様式の参考例に合わせて、記述内容を加筆修正しております。

各幼稚園においては、本書を手掛かりに日々の実践を工夫され、幼児の充実した生活を実現されることを望んでやみません。また、本書は、各幼稚園で幼稚園幼児指導要録の作成の参考となるよう編集したものですが、認定こども園こども要録や保育所児童保育要録の作成の際にも参考にしていただけると思いますので、認定こども園や保育所においても本書を積極的に活用されることを期待します。

本書の編集に終始熱心にご協力いただいた幼稚園教育指導資料作成協力者の各位に、ここに深く感謝の意を表する次第であります。

平成22年７月

文部科学省初等中等教育局幼児教育課長
濵　谷　浩　樹

目　　次

第1章

幼児理解と評価の基本

1. 幼児理解と評価の考え方

（１）幼稚園教育の充実のための基本的な視点

中央教育審議会は、教育基本法、学校教育法の改正等を踏まえ、平成20年１月に「幼稚園、小学校、中学校、高等学校及び特別支援学校の学習指導要領等の改善について」答申を行いました。これを踏まえ、平成20年３月28日に学校教育法施行規則を改正するとともに、発達や学びの連続性、幼稚園での生活と家庭などでの生活の連続性を踏まえた幼稚園教育の充実、子育ての支援と預かり保育の充実など改善の基本方針を下に、幼稚園教育要領を改訂し公示しました。

幼児期の教育は、生涯にわたる人格形成の基礎を培う重要な役割を担っています。

幼児一人一人の潜在的な可能性は、日々の生活の中で出合う環境によって開かれ、環境との相互作用を通して具現化されていきます。幼児は、環境との相互作用の中で、体験を深め、そのことが幼児の心を揺り動かし、次の活動を引き起こしていくのです。そうした体験の連なりが幾筋も生まれ、幼児の将来へとつながっていきます。

そのため、幼稚園では、「環境を通して行う教育」を幼稚園教育の基本として示し、幼児の遊びや生活といった直接的・具体的な体験を通して、人とかかわる力や思考力、感性や表現する力などをはぐくみ、人間として生きていくための基礎を培うことが大切であることを明確にしているのです。

幼稚園教育においては、学校教育法に規定された目的や目標が達成されるよう、幼児期の発達の特性を踏まえ、幼児の生活の実情に即した教育内容を明らかにして、それらが生活を通して幼児の中に育てられるように計画性をもった適切な教育を行うことが大切です。つまり、幼稚園教育においては、教育内容に基づいて計画的に環境をつくり出し、その環境にかかわって幼児が主体性を十分に発揮し展開する生活を通して、望ましい方向に幼児の発達を促すようにすることが重要です。その実現のために必要な視点として、以下のものを挙げることができます。

○幼児理解からの出発

幼児期にふさわしい教育を行う際にまず必要なことは、一人一人の幼児に対する理解を深めることです。

幼稚園における保育とは、本来、一人一人の幼児が教師や多くの幼児たちとの集団生活の中で、周囲の環境とかかわり、発達に必要な経験を自ら得ていけるように援助する営みです。そのために、教師は幼児と生活を共にしながら、その幼児が今、何に興味をもっているのか、何を実現しようとしているのか、何を感じているのかなどをとらえ続けていかなければならないのです。幼児が発達に必要な経験を得るための環境の構成や教師のかかわり方も幼児を理解することによって、はじめて適切なものとなるでしょう。すなわち、幼児を理解することが保育の出発点となり、そこから、一人一人の幼児の発達を着実に促す保育が生み出されてくるのです。

○温かい関係を基盤に

幼児期は、周囲の大人に対する信頼感に支えられて自分の世界を広げ、自立した生活に向かうようになる時期です。幼稚園においては、このような幼児期の特性を踏まえて、教師と幼児の温かい信頼に満ちたものにしていくことが重要です。幼稚園教育要領解説では、自然な心身の成長に伴い、幼児が能動性を発揮して環境とかかわり合う中で状況と関連付けて生活に必要な能力や態度などを獲得していく過程が発達であるとしています。幼児期の発達を促すために必要なこととして、幼児期の能動性という視点を重視していますが、それについては以下のことが大切です。

・人は周囲の環境に自分から能動的に働き掛けようとする力をもっていること
・幼児期は能動性を十分に発揮することによって発達に必要な経験を自ら得ていくことが大切な時期であること
・能動性は、周囲の人に自分の存在や行動を認められ、温かく見守られていると感じるときに発揮されるものであることここでいう能動性の発揮とは幼児が活発に活動する姿のみを指しているのではありません。黙って周囲の動きを見つめている幼児の姿も、相手の話に聞き入る姿も、その幼児が能動的に周囲の環境とかかわっている姿として受け止めることが大切です。このように教師には幼児の行動や心の動きを温かく受け止め、理解しながら、幼児との間に信頼関係を築くことが求められています。幼稚園においては、そうした教師と幼児の温かい関係が幼児の発達を促す上で重要な意味をもつことを踏まえて、保育を展開することが必要なのです。

○一人一人の特性に応じた教育

教師が望ましいと思う活動を、一方的に幼児に行わせるだけの保育では、一人一人の発達を着実に促すことはできません。幼児の発達する姿は、たとえ同年齢であってもそれぞれの幼児の生活経験や興味・関心などによって一人一人異なっています。一見すると同じような活動をしているようでも、その活動が一人一人の幼児の発達にとってもつ意味は違っているのです。したがって、毎日の保育の中では、それぞれの幼児の生活する姿から、今経験していることは何か、また、今必要な経験は何かをとらえ、それに応じた援助をすることが大切です。

かつては、同じことを同じ方法で、同時期に、どの幼児にも指導しようとする傾向が見られました。しかし、このようなやり方では、発達する姿の違う一人一人の幼児に対して適切な援助ができないばかりか、自分から環境にかかわろうとする意欲すら失わせてしまいます。

教育に求められるものは、人間を画一的に育てることではなく、自分らしさを発揮し、心豊かに意欲をもって生きることのできる人間の育成です。幼稚園では、行動の仕方や考え方などに表れたその子らしさを大切にして、一人一人の幼児が、そのよさを発揮しつつ、育っていく過程を重視しなければならないでしょう。

(2) 発達や学びの連続性を確保するための視点

○子どもの発達や教育を長期的な視点でとらえる

学校教育法では、幼稚園教育の目的として、義務教育及びその後の教育の基礎を培うことが強調され、学校教育としての連続性を踏まえた教育を行うことが重要とされています。また、幼稚園教育要領では、小学校以降の教育の基礎を培う幼稚園教育の在り方を確認した上で、児童との交流や、小学校の教師との意見交換や合同の研究の機会を設けることなど、連携を図るようにすることが求められています。

それに対応して、小学校の学習指導要領では、小学校が幼稚園や保育所と連携すること、国語、音楽、図画工作の教科において、1年生の指導に当たり幼稚園教育の教育内容との関連性を考慮すること、生活科と特別活動において幼児と触れ合うことが求められています。小学校学習指導要領解説では、生活科を中心に入学当初の合科的・関連的指導を行うためのスタートカリキュラムを進めることが示されています。また従来と同様に、幼稚園教育における幼児の育ちの様子を伝えるために指導要録の抄本又は写しが小学校に送付され、指導の参考に供されます。

特に学校教育の連続性という観点からいえば、子どもの発達や教育を長期的な視点でとらえることを踏まえながら、幼稚園の教育課程と小学校の教育課程が幼児の学びの流れというところでつながるようにしていくことが重要です。

○幼稚園と小学校との学びのつながりを意識する

幼児期は何より楽しさを求めて活動を行う時期です。したがって、幼稚園では幼児が遊びを通して楽しさや面白さを感じつつ、様々な物事を体験することを大事にしており、その楽しい活動の過程や結果として学びが成り立っているのです。そうした学びと関連し、幼児は集中する力や持続させていく力などを身に付けながら、生活を充実させていきます。

児童期に入ると、幼児期で培った学びや様々な力を基に、子どもは目的に向け、自己を統制したりする力が高まっていきます。小学校における学びは学習に特化された授業という枠の中で、教師により示された学習の目標を改めて自分の目標として自覚し、その自覚化された目標に向けて努力することにより成り立っています。そこでは子どもは学習者として、課題に向かって集中し、持続する力を発揮して、学んでいきます。教師や他の子どもの発言をとらえ、自らの考えと結び付けて発展させ、それを言葉にし表現していきます。自らの知っていることとその場で得られる情報とをつないで新たな知識の組織化を図っていくのです。

幼稚園教育から小学校教育への円滑な移行には、幼稚園と小学校の教師が学びのつながりを意識して、こうした二つの教育原理の橋渡しをしたり、中間的な教育課程や学習環境の在り方の工夫をしたりするなどして、発達や学びの連続性を確保することが大切になります。

○幼稚園教育を小学校教育へつなげる

教師は、幼児が教師や友達と生活を共にする中で活動し、そこで成り立つ学びが小学校以降の生活や学習の芽生えとして培っていけるようにすることで、小学校教育の基盤となるようにすることが大切です。

そのためには教師は教育内容の多様性を確保しつつ、幼児の遊びから様々な方向へ学びが展開する様子を見いだすとともに、幼稚園での幼児の生活に根ざした学びをつくり出していくことが大切です。

幼稚園では、教師に支えられながら、幼児同士の関係の中から互いに協力することが芽生え、その協力し合う関係を生かして、一人ではできそうもないことに取り組んでいます。こうした幼児が協力して物事にかかわり活動する中で幼児同士の人間関係は深まっていきますが、またそうした活動を通して、教師の助言を受けつつ、一緒に実現したい共通の目的を見いだし、更にそれを具現化するために互いに協力して活動に取り組むようになります。そして、幼児は自分と他者の思いを共に実現できるかを考えるなかで、自己を一方的に主張することを抑制しながら、対象に即した学びによる自己発揮が可能になっていくのです。

幼児が協同的な学びの活動を幼稚園で存分に経験できるようにするとともに、幼稚園の生活や遊びの中で、幼児が自己発揮し、また自己抑制できるように援助していくことも大切なことです。そして、幼児が教師や友達とのかかわりを深め、楽しい経験を積み重ねるにつれ、きまりや約束事など社会規範にかかわることへの気付きが増すとともに、相手や周りの人への思いやりを育て、自分の気持ちを調整しつつ、周囲との関係をつくることができるようにすることも大切です。こうした自己発揮・自己抑制と気持ちを調整していくことは教科等の学習を中心とする小学校以降の教育の基盤形成に重要なことですから、幼稚園の教師の適切な援助が必要です。

また、小学校の教育では自ら考えたことを言葉で表現し教師や友達と意見を交換しながら自らの考えを深める学習が中心となります。幼稚園の教育では、生活体験を通して、その基盤となる言葉による豊かな表現や言葉の感覚などをはぐくむとともに、言葉による伝え合いを育てていくことが大切です。幼児と教師が一緒になり、声にもならない声も互いに聞き取り、つなげていきます。それらが言葉による表現活動や質問活動に展開していくとともに、物事を言葉の表現を通して考えていく際の基礎となっていくのです。すなわち、学校教育が十分に機能するためにも、幼児期に体を使って十分に活動し、様々な対象にかかわり、また、その体験を言葉その他により表現し、振り返ることも大切なのです。こうしたことが、小学校教育に引き継がれ、小学校の授業を成り立たせる力へとつながっていきます。

このように、幼稚園では小学校以降の生活や学習の基盤を成り立たせる根本の力を育てています。それを幼稚園の教師が自覚し発展させつつ、幼稚園教育の在り方を問い続けていくことで、学校教育としての連続性を確かなものにしていくことができるのです。

（３）幼児を理解し、保育を評価するとは

○幼児を理解するとは

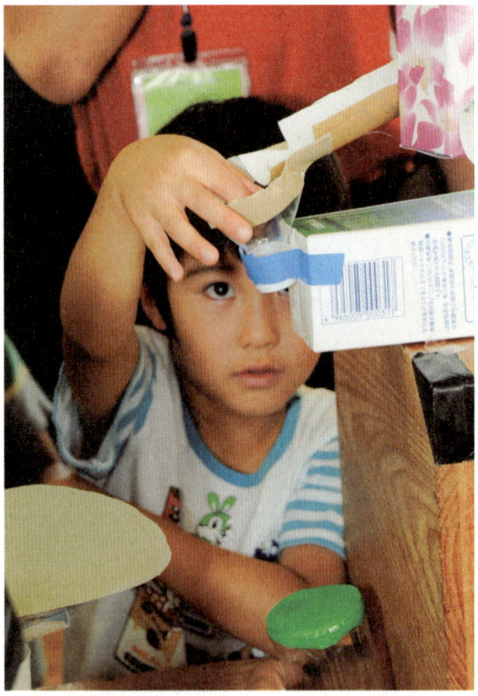

幼児を理解することが全ての保育の出発点であることは、既に述べたとおりです。しかし、幼児を理解するといっても、幼児の行動を分析して、この行動にはこういう意味があると決め付けて解釈をすることではありません。まして何歳にはこのような姿であるというような一般化された幼児の姿を基準として、一人一人の幼児をその基準に照らして、優れているか劣っているかを評定することではないのです。また、幼児と幼児を比較して誰が誰より優れているか劣っているかを評定することでもありません。幼児を理解するとは一人一人の幼児と直接に触れ合いながら、幼児の言動や表情から、思いや考えなどを理解しかつ受け止め、その幼児のよさや可能性を理解しようとすることを指しているのです。そのためには、安易に分かったと思い込んだり、この子はこうだと決め付けたりしてしまうのではなく、幼児と生活を共にしながら、「……らしい」「……ではないか」など、表面に表れた行動から内面を推し量ってみることや、内面に沿っていこうとする姿勢が大切なのです。

実際には教師が幼児の行動を見て「こんな思いをもっているのではないか」「こんな行動をするかもしれない」などと推測しながらかかわっていても多くの場合、予想外の姿に気付いて、それまでの見方を変えることになるでしょう。

・幼児の生活する姿から、その幼児の心の世界を推測してみる。

・推測したことを基にかかわってみる。

・かかわりを通して幼児の反応から新しいことが推測される。

このような循環の中で徐々に幼児の行動の意味が見えてくるのです。

また、幼児の発達の理解を深めるためには、教師が幼稚園生活の全体を通して幼児の発達の実情を的確に把握することや、一人一人の幼児の個性や発達の課題をとらえ

ることが大切です。これらのことも幼児の心の世界に近づいてみようとすることで、次第に見えてくることです。

さらに、幼児を理解することは、教師のかかわり方に目を向けることでもあります。幼稚園生活の中で幼児の行動や心の動きが生み出される背景には、教師のかかわり方が大きな意味をもっていることを忘れてはならないでしょう。幼児の興味や関心のもち方は教師のかかわり方によって方向付けられますし、何気なく使う言葉や態度はそのまま幼児の中に取り込まれていきます。遊びに集中できない、不安定になる、依存してばかりなどの幼児の姿は、教師のかかわり方の結果であることも多いようです。教師のかかわり方との関係で幼児の行動や心の動きを理解しようとすることが保育を見直し、その改善を図るために大切なことです。

○保育における評価とは

「評価」という語は、優劣を決めたり、ランクを付けたりする成績表のようなイメージで受け止められることがあります。そのため、幼児の発達をゆがめる恐れがあるとして、幼稚園教育に評価は不必要だとする意見も一部にあるようです。しかし、教育を行うために評価は欠くことのできないものであり、適切な教育は適切な評価によってはじめて実現できるものです。幼児期にふさわしい教育を進めるためには、保育における評価とは何かを明確にとらえることが必要です。

幼稚園教育要領解説では、「反省や評価は幼児の発達の理解と教師の指導の改善という両面から行うことが大切である」として、幼児の発達する姿をとらえることとそれに照らして教師の指導が適切であったかどうかを反省・評価することの両面について行う必要があることを示しています。幼稚園における評価とは幼児を他の幼児と比較して優劣を付けて評定することではありません。保育の中で幼児の姿がどのように変容しているかをとらえながら、そのような姿が生み出されてきた様々な状況について適切かどうかを検討して、保育をよりよいものに改善するための手掛かりを求めることが評価なのです。幼稚園の保育は一般に次のようなプロセスで進められます。

①幼児の姿から、ねらいと内容を設定する。

②ねらいと内容に基づいて環境を構成する。

③幼児が環境にかかわって活動を展開する。

④活動を通して幼児が発達に必要な経験を得ていくような適切な援助を行う。

具体的な保育は、この①～④の循環について、幼児の活動と経験を予想した指導計画を立てて行われますが、この計画は一つの仮説ですので、実際の幼児の生活する姿に応じて、これらの全ての点について適切かどうかを検討しながら改善していかなければなりません。

すなわち、実際に幼児が生活する姿から発達の全体的な状況、よさや可能性などをとらえ、それに照らしてみて、

・教師のかかわり方は適切であったか。

・環境の構成はふさわしいものであったか。

・あらかじめ教師が設定した指導の具体的なねらいや内容は妥当なものであったか。

などについて、反省・評価をすることが必要なのです。

このような評価は常にそのための時間を取って行わなければならないというわけではありません。日常的な素朴な反省も保育の改善に役立ちうるものです。例えば、一日の保育の後に、教師が今日の生活の流れを振り返ることがあるでしょう。そして、あの幼児はなぜあのような姿を見せたのだろうかと考えたり、あの幼児にはこのようなよい面があったと気付いたり、教師としてこのようなことをすればよかったのにと反省したり、幼児の力を更に発揮させるには環境をどうしたらよいかと考えるでしょう。このような誰でもごく普通に行っていることが評価なのです。

つまり、日々の保育と評価は常に一体になっているものであり、ごく日常的なことであるということができます。

(4)小学校の評価の考え方について

小学校においては、児童の学習状況の評価(学習評価)が行われています。この学習評価は、きめ細かい指導の充実や児童一人一人の学習の定着を図るため重要な役割を有しています。

学習評価は単に児童の成績を付けるためだけではなく、学習指導と学習評価の一体的な取組を通じて、学習指導の在り方を見直したり、個に応じた指導の充実を図ったり、学校における教育活動を組織として改善したりするために行う大切なものなのです。

現在、小学校における学習評価は、一定の集団における児童の相対的な位置付けに基づくいわゆる相対評価ではなく、「目標に準拠した評価」(いわゆる絶対評価)により行われています。また、各教科の学習評価については、基礎的・基本的な知識・技能が身に付いているか、それらを活用して課題を解決するために考えたり、判断したり、表現したりする能力をもっているか、主体的に学習しようとしているかなど、具体的に児童にはぐくもうとする資質や能力に沿って「観点別学習状況の評価」が行われています。

「観点別学習状況の評価」とは、学習指導要領に示す目標に照らして、その実現状況を分析的に評価するものであり、幼稚園の評価とは異なる方法です。平成20年改訂の学習指導要領に対応した「観点別学習状況の評価」を行う際に用いられる評価の観点については、評価の観点と学習指導要領に示された学力の三つの要素との整理が図られ、おおむね、基礎的・基本的な知識・技能は「知識・理解」及び「技能」の観点で、思考力・判断力・表現力等は「思考・判断・表現」の観点で、主体的に学習に取り組む態度は「関心・意欲・態度」の観点で評価するものとされました。なお、各教科の観点は、各教科の特性に応じて教科ごとに示されています。

観点の一つである「思考・判断・表現」は、従来「思考・判断」としていた観点を変更したものです。この変更は、平成20年改訂の学習指導要領において、思考力・判断力・表現力等を育成するため、基礎的・基本的な知識・技能を活用する学習活動を重視するとともに、言語活動の充実が求められたことから行われました。各小学校では、思考力・判断力・表現力等の育成を目指した授業を実施するとともに、適切な評価を行うことによって、児童に思考力・判断力・表現力等を身に付けさせることが必要です。

また、国際的な調査により、日本の子どもの学習意欲に課題がある中で、児童が自ら進んで学習に取り組む意欲を高めることも重要です。そのため、各教科が対象としている学習内容に関心をもち、自ら課題に取り組もうとする意欲や態度を児童が身に付けているかどうかを「関心・意欲・態度」の観点で評価していく必要があります。

「評定」は、児童の教科の学習状況を総括的に評価するものです。小学校低学年については、平成３年の学習評価の改善の際に、児童の発達の段階の特性や学習の実態等を考慮して、すべての教科について「評定」の欄を設けないこととされましたが、小学校の中・高学年については、すべての教科について３段階で評定を行うこととされています。評定は、簡潔で分かりやすい情報を提供するものであり、教師同士の情報共有や保護者等への説明のために使用されています。

また、観点別学習状況の評価や評定には示しきれない児童一人一人のよい点や可能性、進歩の状況について評価する「個人内評価」が小学校において重視されています。児童のよい点をほめたり、更なる改善が望まれる点を指摘したりするなど、発達の段階等に応じて励ましていくことで、児童の学習意欲を高め、その後の学習や発達を促していくことができます。このため、一人一人のよい点や可能性、進歩の状況等について評価して児童に伝えることも重要です。

以上で述べてきたように、幼稚園と小学校では、評価の方法等は異なりますが、評価を行う目的は幼稚園も小学校も同様の考え方に立ちます。すなわち幼稚園教育要領では、評価について「指導の過程についての反省や評価を適切に行い、常に指導計画の改善を図ること」を示しており、保育と評価を一体的に行い、評価の結果を保育の改善に生かすこととしています。一方、小学校学習指導要領でも、「児童のよい点や進歩の状況などを積極的に評価するとともに、指導の過程や成果を評価し、指導の改善を行い学習意欲の向上に生かすようにすること」を示しており、指導と評価の一体化を重視しています。今後も、子ども一人一人に学習指導要領の内容が確実に定着するよう、学習評価を通じて、学習指導の在り方を見直すことや個に応じた指導の充実を図ること、学校における教育活動を組織として改善することが求められています。

２．よりよい保育をつくり出すために

幼児理解と評価は保育をつくり出すために欠くことのできないものです。幼児の生活する姿をどのようにとらえて、保育の改善に生かしていくかについては、幼稚園教育指導資料第１集『指導計画の作成と保育の展開』に詳しく述べられています。この節では新しい発達観、保育観に立って幼児を理解し保育を展開するためには、どのような視点から何をとらえることが必要かについて、基本的におさえておきたいことの中から五つを取り上げています。

（1）幼児を肯定的に見る

幼児の行動は、教師の見方や接し方で大きく変わっていきます。これまでの保育では、幼児がよりよい方向に伸びて欲しいと願う気持ちからとは思いますが、教師の目がその幼児の問題点ばかりに向けられてはいなかったでしょうか。

幼児は周囲の人に自分がどう見られているかを敏感に感じ取ります。教師が幼児に何か問題を感じながら接していると、どうしてもその幼児に接するときの態度や表情、言葉などにそれが現れてくるようです。その結果、幼児と教師の心のつながりが失われてしまったり、その幼児らしい動きができなくなったりしてしまうこともあります。

反対に、その幼児の育ちつつある面やよさに目が向けられていると、自然にかかわり方が温かいものになり、その幼児の行動を信頼して見守ることができるようになります。幼児は自分に好意をもって温かい目で見守ってくれる教師との生活では安心して自分らしい動き方ができるし、様々な物事への興味や関心が広がり、自分から何かをやろうとする意欲や活力も高まってきます。

このようなことから、教師が一人一人の幼児を肯定的に見てそのよさや可能性をとらえようとすることが、幼児の望ましい発達を促す保育をつくり出すために必要となるのです。

〈事例：Ｓ教師の記録より〉

Ｕ児（４歳児）、入園してから５月中旬になっても自分の保育室（さくら組）では遊ばず、登園すると、ふらふらと園庭へ出かけて行ってしまう。他の幼児たちは学級の中で自分の好きな遊びを見つけ、安心して遊びを楽しんでいるのに、Ｕ児は学級の中に居場所がないように思える。遊んだ経験が少ないのだろうか。さらに、私を避けている様子もある。誘いかけても無駄という感じがする。

新入園児を迎えた頃のＳ教師の記録です。「ふらふらしているＵ児」が記録の中に毎日のように登場しています。どうやってＵ児とかかわったらいいのか、Ｓ教師はかなり悩んだようです。なぜ遊べないのか。どうして保育室が嫌いなのか、………。とにかく気になるＵ児の行動を何とかしたいという思いから、Ｓ教師はある日、Ｕ児の歩くとおりに歩いてみることにしました。

Ｕ児と共に動いてみて、Ｓ教師は一つの大きな発見をしました。同じ動きをまねてみて同じ目の高さで見たり、感じ取ったりするうちに、初めてＵ児自身の感じている世界を見ることができたといいます。アリの行列、赤土の粒、白いものを運んでいる働きアリ。Ｕ児の手には花壇の隅に咲いていた黄色いカタバミの花が……。

「Ｕちゃんて小さなものでもよく見ているんだ」Ｓ教師は、自分には見えなかった楽しさをＵ児から教えてもらったように思いました。今までは、とらえどころのないふらふらしている幼児として、気にかかる存在でしたが、だんだん、「何とかわいい」と思えてきたのです。Ｕ児が見付けた小さな花を保育室に生けたりしながら、Ｓ教師とＵ児の間のぎこちない関係がとけていったのです。そして、Ｓ教師の心の中でＵ児の存在が、好奇心に満ちて行動している姿に変わっていったようです。

毎日の保育の中では、どうして落ち着かないのだろうかとか、わがままばかり言ってなど、気になる幼児の姿ばかりが教師の目に入ってくることがあります。しかし、この事例のように、その幼児と同じ行動をとってみたり、記録を読み返してみたりすることなどから「あの子には、こんないいところがあるんだ」「こんなことに興味があるのか」「こんなユニークな発想の仕方をしている」などに気付くことが多いのです。

また、他の教師との話し合いや、保護者との話などから、その幼児の持ち味や素晴らしさに気付いて、その幼児に対する見方が変わることもあります。

例えば、Ａ教師は、一人一人の幼児の姿をありのままに受け止めようとする中で、友達のまねばかりしているように見えたＹ児の姿が、周囲の出来事に関心をもち、自分の生活の中に取り入れようとする姿として、目に映るようになってきたそうです。

・Ｂ教師は、入園後２か月を過ぎた頃から泣くことが多くなったＣ児について、これまでの記録を読み返すことによって、手のかかる幼児という見方から、泣くことで自己主張ができるようになってきた姿ではないかと見方を変えてきています。

肯定的に見るといっても特別な才能を見付けたり、他の幼児との比較で優劣を付けて、優れている面だけを拾いあげたりするということではありません。まして、幼児の行動の全てをそのままに容認したり、放任したりしてよいということではないのです。それは、教師が幼児の行動を見るときに、否定的に見ないで、成長しつつある姿としてとらえることが重要なのです。

これまで述べたように、同じ幼児の行動でも教師の見方によって、その姿は違ったものになります。そして、それは違った教師のかかわり方となって現れてくるでしょう。

〈事例：走ってはだめ〉

６月初旬のある朝、４歳のＫ児が靴を脱ぐのももどかしそうに、遊戯室めがけて廊下を走りこんできた。Ｏ教師は思わず「危ない！　走ってはだめ！」と強い口調で叱りつけた。

同じ場面を見た担任のＭ教師の反応は少し違っていた。「Ｋちゃん、張り切ってるね」と声をかけながら抱き止めた。そして、「お部屋から、飛び出してくる子がいると、ぶつかるよ、走らずに行こうね」と言ってきかせている。Ｋ児はしっかりとうなずいて、ニコニコしながら遊戯室に入っていった。

この事例から、Ｏ教師とＭ教師とのＫ児の受け止め方の違いが、Ｋ児の行動に対する違った働き掛けとなって現れていることが読み取れると思います。

Ｏ教師の目にはＫ児の姿が「走ってはいけない廊下を走っている幼児」として映ったのだと思います。Ｍ教師は、初めての幼稚園生活への緊張が解けてきて、やってみたいことがたくさん見つかるようになってきたＫ児の最近の様子から「今日は○○をしよう」と張り切って登園してきた姿として受け止めていたのです。

危ないこと、やってはいけないことなど、幼児の生活の中には、状況に応じて指導しなければならないことがあります。しかし、そのような指導が幼児の心に届いて、必要なこととして幼児が身に付けていくためには、まず、Ｍ教師のように教師が発達しつつあるものとして幼児の姿を受け止め、温かいかかわり方をすることが何よりも大切なことです。

幼児を肯定的に見るためには、次のようなことが大切になるでしょう。

・様々な幼児の姿を発達していく姿としてとらえる。

・その幼児の持ち味を見付けて大切にする。

・その幼児の視点に立つ。

これらのことはどれも、教師が一人一人の幼児に対する見方を変えようとする積み重ねの中で可能になることといえるでしょう。

(2) 活動の意味を理解する

繰り返し述べているように、保育は幼児自身が活動することを通して様々な経験を積み重ね、発達に必要なものを身に付けていけるように援助する営みです。しかし、同じように見える活動であっても、一人一人の幼児がその活動において経験していることは、同じとは限りません。したがって、一人一人の幼児に適切な援助をしようとすれば当然、その幼児にとって、今行っている活動がどのような意味をもっているかを理解することが必要です。活動の意味とは、幼児自身がその活動において実現しようとしていること、そこで経験していることであり、教師がその活動に設定した目的などではありません。そして、活動において幼児自身が経験したことがその幼児の内面的成長にどのように関係するか理解することも大切です。

かつて、教師が望ましい活動を選択して幼児に与えることによって、発達が促されるという考え方がありました。そのために、「活動」を「ごっこ遊び」「運動遊び」などのようなまとまりのあるものだけを指していると受け止めて、教師の目はどちらかといえば、その系統性や発展性だけに向けられてしまう傾向があったようです。その結果、一人一人の幼児がそこでどのような経験をしているかを見落としてしまうことになってしまったのではないでしょうか。

幼稚園教育要領では、「活動」は幼児が環境にかかわって自ら展開するものであるとしています。それは、どのような活動を幼児に与えるかではなく、幼児自身が活動を生み出して展開する過程で得る様々な経験を大切にしたいということを表したものともいえます。

一人一人の幼児にとって、活動がどのような意味をもっているかを理解するためには、教師が幼児と生活を共にしながら、なぜこうするのか、何に興味があるのかなどを感じ取っていくことが必要です。目の前に起こる活動の流れだけを追うのではなく、それを周囲の状況や前後のつながりなどと関連付けて考えてみることで、その幼児の心の動きや活動の意味がだんだんと理解できるようになるでしょう。

Ｓ児とＲ児が積み木で遊ぶ姿から、二人にとっての活動の意味を考えてみましょう。

〈事例：Ｓ児とＲ児の積み木遊びから（４歳児　５月）〉

保育室の中央に積んでおいた中型の積み木に、Ｓ児が登園してくるなりすぐに興味を示し、積んだり並べたりしはじめた。

何を作るというわけではなさそうだが、思いつくまま置いている。何となく囲いのようになったので、教師が「この中に入りたいな」と声をかけた。Ｓ児は、はっとしたというような表情をして、一つの角を戸のように開けて「ここから入るの」と開け閉めしている。そこへ、Ｒ児が来て、「僕もやりたい」と頼んでいる。Ｓ児に「だめ」と言われて、Ｓ児の周りをうろうろしている。しばらくしてＲ児は「手伝ってあげる」と言って、Ｓ児の表情を見ながら、やっと積み木遊びに参加しはじめた。

この記録は、ある日の保育の一コマをとらえたものですが、同じ積み木で遊んでいる活動であっても、Ｓ児とＲ児にとっての意味は異なっていることが読み取れるでしょう。

Ｓ児にとっては、積み木を使って並べるうちに、いろいろなものができてくる楽しさを味わう場になっているようです。作りながら湧いてくるイメージで次々と積み方を変えています。いつもなら一緒に遊ぶＲ児に対しても「だめ」と拒否の姿勢を見せています。それほど積み木に夢中な姿とも受け取れるでしょう。

一方、Ｒ児にとっては、Ｓ児とのかかわり方をＲ児なりに工夫していることに意味があるのでしょう。これまでのＲ児ならきっと、相手の作っているものをかまわず壊してでも自分の思いどおりに参加したでしょうが、積み木でＳ児と一緒に遊びたい一心から、「手伝ってあげる」という参加の仕方を考え出しています。担任は、当初、困った幼児としてＲ児の行動を受け止めていたようですが、徐々に、Ｒ児が人とのかかわり方を様々に試しているのだという見方をするようになってきています。R児は入園まで、家族の中だけの生活で、同年代の幼児とのかかわりの経験が少なかったため、自分の思いを相手にスムーズに伝えることができにくいのは無理のないことなのでしょう。

この事例に出合って、教師はR児自身が育つ姿を改めて見た思いがしたということです。そして、教師は今後の保育の中では、様々な活動を通してR児がこのような経験を積み重ねて、人とのかかわり方を身に付けていけるように支えていこうと考えています。S児に積み木遊びに入れてもらえた喜びは、きっとよい経験となっていくでしょう。

その幼児にとっての活動の意味を理解するためには、一人一人の幼児の発達の道筋の中で、その意味をとらえることが大切です。これまでのその幼児の生活する姿の特徴を周囲の物や人との関係でとらえ、それと目の前の姿と関連付けてみることで、その幼児の活動の意味をかいま見ることができます。

幼児がやりたいこと、かかわりたいことは何なのかを考え、その幼児にとってその活動を展開する意味を理解していくことが幼児一人一人の発達する姿をとらえることになり、また、その活動を通して幼児一人一人が発達にとって必要な経験を得ているかどうかという評価へとつながっていくのではないでしょうか。そして、その視点が環境を再構成するなど、次の保育への手立てを考えていく上で欠くことのできないことなのです。

（３）発達する姿をとらえる

一人一人の幼児がその子らしさを発揮しながら、発達に必要な経験を得ていく場としての幼稚園においては、幼児の生活する姿から発達を読み取ることが大切な意味をもちます。

それでは、幼児の発達する姿は、どこから読み取れるのでしょうか。「発達」というと、あれができるようになった、これもできるようになったという、表面に現れた事象だけに目を奪われがちです。確かに、幼児が様々なものを獲得していく姿には、目覚ましいものがあります。しかし、何か新しいことができるようになったことだけに目が向いてしまうと一方的に新しいことを教え込んだり、大人が必要と考える活動を次々と与えたりしていくだけの教育になってしまう恐れがあります。発達とは、単に「何かができるようになること」ではなく、人格の全体にかかわる深い意味をもつこととしてとらえなくてはなりません。

先にも述べたとおり、幼児は、自ら能動的に環境に働き掛け、発達に必要な経験を得ていく力をもっています。したがって、まず、幼児が発達しようとしている姿を読み取る目が必要です。

毎日同じ遊びを繰り返しているようでも、幼児はその中で日々新たなことへの挑戦を試みているものです。一見すると「この子はまたこの遊びにこだわっている」「なかなか遊びが広がらない」というようでも、よく見れば「同じ遊びの中で、この子なりにこんなに経験の意味が深まっているのだ」と気付く場合もあるでしょう。

幼児が周りの大人に「見て！　見て！」と真剣に求め、大人が確かに見届けてくれたかどうか繰り返し気にすることがあります。幼児は、このような機会を通して達成感や有能感を味わい、これまでとは違う自分になっていくことを感じ取るのでしょう。このように幼児自身が自分の発達を体験する姿を見守ることが、教師の大切な役割なのです。

次に、幼児の行動から内面を理解することによってどのような発達がなされているかを読み取ることが必要です。言葉を変えれば、幼児の行動の意味に留意し、心の動きをなぞっていくことが大切です。例えば、活発に遊んでいる幼児は、その活動に楽しみを発見し、自発的に取り組んで、更に新しい楽しみを発見していることでしょう。一方、それを見ている幼児も、「おもしろそうだな、入れてほしいな」と思ったり、「でも、だめって言われたらどうしよう」と迷ったり、「どうしたら入れてもらえるだろう」と考えたりしているのかもしれません。それもまた幼児にとって環境に能動的にかかわる姿であり、発達にとって意味のある経験といえるのです。このことは、幼児の発達は常に大人にとって望ましい姿として現れるとは限らないことを意味します。幼児の発達する姿は、自己主張や異議申し立て、反抗やこだわりなどとして表されることもあります。そのような大人にとって扱いにくい行動も、その幼児の発達にとって大きな意味をもつものとしてとらえることが必要です。

ところで、幼児の生活する姿に普段から接していれば、その経験を通して自然にある年齢やある時期における幼児の一般的な生活する姿の傾向が分かってくることがあります。入園当初の４歳児は、どのような順序を踏んで集団生活になじんでいくものか、３歳児の場合はどうかといった一般的な傾向は確かに見られるでしょう。このような、一般的な傾向を把握することは保育にどのような意味をもつのでしょうか。

いわゆる発達に関する一般的な傾向が、幼児の現在の姿のみにとらわれることなく、その将来像を見通した指導に生かされるのであれば、それは有意義なことでしょう。例えば、入園の当初泣き叫んでいる幼児やなかなか友達となじめない幼児を見ても、経験豊かな教師はそれほどその姿に振り回されて焦ることなく、落ち着いて適切な対応をすることができるでしょう。それは、豊富な経験からそれらの幼児が次第に幼稚園に慣れ、生活を楽しむようになる過程を心の中で描くことができるからなのです。この意味では、一般的な発達について知ることが、個々の幼児の発達する姿をとらえるために役立つといえます。

しかし、逆にこの一般的な傾向が、教師によって「この子は、まだできない」「この子は発達が遅い」というように、単に発達をはかる基準として用いられるのであれば大きな弊害をもたらすでしょう。例えば、入園当初泣いている幼児に困惑した若い教師が、一般的な傾向として、ほとんどの幼児は、２週間程度で園生活に取り組み始めるものだということを知り「２週間たってもまだ泣きやまないこの子は、どこか問題があるのではないか」と考えて焦るとすれば、適切な援助はできないでしょう。一般的な発達の傾向とは、多くの幼児の様々な姿を集めて、そこから導きだしたものです。したがって、実際には一般的な傾向のとおりに発達をする幼児など存在しないといってよいでしょう。一般的な姿に合わせて幼児の発達を見るのではなく、ほとんどの幼児が通っていく道筋をとらえて、一人一人の幼児が、その道筋をどのように自分の足で踏み固めながら歩んできているかを読み取る必要があるのです。

発達の道筋のたどり方には、その幼児らしい特性があります。ある幼児は、運動機能に関係する側面が早く伸びたり、他の幼児は、言葉の面の伸びが早く表面に表れたりします。また、ある面が伸びてくると他の面の伸びが目立たなくなるということもあります。発達する姿をとらえる際には、発達の様々な面には相互関連性や個別性があることを十分に理解することが必要でしょう。

幼児の発達する姿は、具体的な生活の中で興味や関心が、どのように広げられたり深められたりしているか、遊びの傾向はどうか、生活への取り組み方はなど、生活する姿の変化を丁寧に見ていくことによってとらえることができます。

(4) 集団と個の関係をとらえる

毎日の保育は一人一人の幼児の発達を促すための営みですが、それは、教師と大勢の同年代の幼児が共に生活することを通して行われるものです。すなわち、一人一人の幼児の発達は、集団のもつ様々な教育機能によって促されるということができます。

幼稚園における集団での生活を通して、幼児の発達がどのように促されていくかについては、幼稚園教育要領解説序章第２節で詳しく述べられています。保育を行うためには個々を見る目と集団を見る目の両方が必要です。幼児の集団としての姿と一人一人の姿とは互いに独立したものではないので、全体をとらえていくことで、一人一人の発達やその子らしさもよく見えてきます。その上で、集団と個々の幼児との関係を受け止めて、具体的な保育の手立てを考えていかなければなりません。

幼児期は同年代の幼児と生活する中で育つ部分が多いのですが、だからといってどのような集団でも中に入れさえすれば育つということではありません。幼児と教師がつくっている集団が、果たして幼児期の発達を促す場として、ふさわしいものになっているかどうか、折に触れて確かめることが必要でしょう。

〈事例：入園当初の姿から（４歳児）〉

M児は、集団生活の経験が初めてである。登園すると廊下にあるロッカーに鞄を置き、他の幼児が自分の好きな場や遊具にかかわって遊んでいる様子を廊下やテラスから見ている。「Mちゃん、お部屋に入って遊んでいいんだよ」と声をかけると、表情をこわばらせて体が硬くなってしまう。手をつなごうとしたり遊びに誘おうとすると足をふんばったりして、部屋に入りたくない気持ちを体で表現する。とうとう帰る時間まで廊下にいる日が３日も続いた。M児のテンポで幼稚園に慣れて欲しいと思い、教師はできるだけ楽しそうに他の幼児と遊び、時々、M児の方に声をかけたり笑いかけたりするようにしてみた。M児は、友達や先生が遊んでいるのをじっと見ていて思わず笑ったり、くるっと片足で回ってみたりしながら、そこにいることを楽しんでいるようであった。他の幼児が、教師の周りや好きな遊具で遊ぶことを通して、安心して過ごせるようになってきており、皆と一緒に紙芝居を見たり、歌ったりすることなども楽しむ姿が見られることから、教師はM児を無理に皆の中に引き込むことはしなかった。M児が心の中で他の幼児と共に活動しながら、やがて、もっと自由に幼稚園生活を楽しめるようになることを期待したのである。
　一か月後、M児の姿は、すっかり皆に溶け込んでいた。

M児が集団生活を自分の中に受け入れていく背景には、それぞれの幼児が自分の好きな遊びに取り組んだり、教師と楽しく過ごしたりすることのできる集団の存在とM児の心の動きや過ごし方を温かく見守る教師の存在があったといえます。そのような集団の中で幼児は成長していくのです。

一般的にいえば、幼児は教師との結び付きを基に安定した生活をするようになり、自分から動けるようになります。それを基盤として、幼児は自然に友達を求めるようになります。そして、友達関係の中で、互いの存在を認め合ったり、モデルになったり、ぶつかり合ったりするなど様々な体験をし、それを成長の糧としていくのです。しかし、すべての幼児が同じように発達するわけではありません。また発達の姿は、集団の成長との関係で様々に変わるものです。どのようなときにどのような育ちを期待して、一人一人に援助をしたらよいかは、教師が幼児と生活を共にしながら集団と個の関係をとらえて判断していかなければならないのです。

（5）保育を見直す

幼児を理解することも、評価することも、すべて教師が自分自身の保育を見直し、改善するためのものといってよいでしょう。幼稚園では保育を行うために、幼児の生活する姿から、あらかじめ具体的なねらいや内容、環境の構成などの指導の順序や方法を考えて指導計画を作成します。しかし、保育は教師が考えた指導計画のとおりに幼児を動かすものではありません。実際に保育を展開し、その中で幼児の姿をとらえなおしながら、計画を絶えず組み替えて保育を改善していかなければなりません。つまり、幼児理解と評価は、計画を立てて保育を展開することと一体となっているものなのです。

一日の保育が終わった後、その日の保育を振り返って、一人一人の幼児との触れ合いや様々な活動する姿をたどってみましょう。そうすると、あのときＦ児はなぜあのような行動をしたのだろうかと考えてみたり、教師として自分はどうすればよかったのかを反省したり、Ｋ児の工夫する姿に感動して、明日はもっとＫ児の力が発揮できるようにするにはと考えたり、実際の幼児の生活する姿と教師のイメージとのずれに気付くなど、様々なことが起こると思います。こうして心に残った出来事を記録したり、話し合ったりすることで明日の保育を考える手掛かりができます。また一人一人の幼児の発達をとらえ直すこともできます。

適切な指導計画を作成し、よりよい保育を展開するには、保育を見直すことが必要です。しかし、保育を改善することは、幼児の生活する姿からその子らしさや、経験していること、伸びようとしていることをとらえるというような、いわゆる幼児理解だけでできることではありません。教師がそのような幼児理解の上に立って、どのような方向に育ってほしいのか、そのためにどのような経験を積み重ねることが必要なのかを考え、教師の願いや見通しをもつ必要があるのです。指導計画を作成する際にもつ具体的なねらいは、このようなプロセスから生み出されてくるものです。

幼児を理解し、保育を見直していく際にはいつも、教師自身がつくった「ねらい」が念頭に置かれている必要があります。それを踏まえて、環境を構成するなどの必要な援助を改善していくのです。同時に幼児の姿から「ねらい」の再検討をしなければなりません。もちろん、幼稚園における「ねらい」は到達目標ではなく育つ方向性を示すものですから、一人一人の幼児が「ねらい」に向けてどのように育っていくのかを見ることが必要です。

さらに、教師が自分自身のかかわり方に気付くことは非常に重要です。しかし、自分の言動は見えにくいものですし、問題点に気付くにはエネルギーが必要です。また、幼児に対する評価も、指導に対する評価も、それぞれの教師がもっている保育観によって異なってきます。それゆえ、自分ではごく当たり前だと思って繰り返している保育を見直すためには多くの人と話し合ったり、様々な実践に触れたりして、自分の保育観を確かめることが必要になります。評価とは自分の保育を見直し続けることであり、そのような教師の姿勢がよりよい保育を生み出すのです。

第２章

適切な幼児理解と評価のために

1. 教師の姿勢

教師が目の前の幼児をどのように理解するかは、教師自身の保育に対する姿勢や幼児の見方によって左右されます。教師は保育の中で幼児の言動から幼児の心の動きや発達する姿をとらえようとして記録をとりますが、そこに見られる幼児の姿は、教師がその幼児をどのように見てきたか、そして、どのように接してきたかという教師の姿勢を映し出したものにほかならないのです。

また、幼児理解は、教師が幼児を一方的に理解しようとすることだけで成り立つものではありません。幼児も教師を理解するという相互理解によるものであると同時に、それは相互影響の過程で生まれたものであることを踏まえておくことが必要でしょう。

教師が幼児の言動を受け止めるときに、教師の感情に左右されることがあります。教師の気持ちが晴れ晴れとしているときには幼児のどのような言動についてもよい方向で受け止める傾向があります。また、いらいらしているときや、心配なことが多いときには、知らず知らずのうちにマイナスに受け止めることがあるのです。

また、幼児は、教師が自分をどう見ているか、どのように接しているかについて、極めて敏感に反応します。教師が「この子はこういう子だ」と決め付けた見方をしていると、幼児は伸び伸びと振る舞うことができなくなります。教師の期待が強すぎると反発したり、自分の気持ちを隠して教師の言うとおりに振る舞ったりすることがあります。

このように考えると、教師が幼児を理解し評価することは、そのまま自分自身や自分の行っている保育を理解し評価していることに気付かされます。教師自身が「この幼児にはこのようなところがある」と思ったときは、「この幼児をそう見ている自分自身」や、その幼児のそのような面を引き出した自分の保育の在り方をあわせて見直す姿勢が必要なのです。これらのことを踏まえて、教師は自分自身に対する理解を深めるとともに、幼児と教師を取り巻く人々、状況などとの関連で幼児をとらえることが必要でしょう。

以下に、教師の姿勢として大切にしたい点を取り上げてみましょう。

（1）温かい関係を育てる

幼児との温かい関係を育てることそのものが、幼児を理解する過程だということができます。教師との温かい信頼関係の中でこそ、幼児は伸び伸びと自己を発揮することができるからです。温かい関係を育てるためには、優しさなどの幼児への配慮、幼児に対する関心をもち続けるなどの気持ちが必要です。そして、その気持ちを幼児に具体的に伝えることが大切です。例えば、名前を呼び掛ける、目が合ったときにうなずく、ほほえみ掛けるなどの小さな行為が大切なのです。

しかし、そのような行為はあくまでも、相手を尊重する気持ちに支えられていることが必要です。周りから強いられたり、気持ちの伴わない形だけのものであったりしたならばかえって逆効果となるでしょう。

教師のほほえみに幼児がほほえみを返してくれるなど、小さな行為が幼児に受け取ってもらえると、教師も自然にうれしくなってきます。しかし、幼児によって、またはそのときの状況によって、緊張や警戒心などから、教師の行為に応じようとしない場合もあります。幼児によっては、たとえ好意からでも教師が手をつなごうとしたり、体に触れたりすることを非常に嫌がることがあるものです。そのような幼児には、遠くからそっとほほえみ掛けるなどのさりげない接触を繰り返しながら、向こうから近づいてくることを待っている方がよいかもしれません。

温かい関係は、特定の幼児と教師との関係だけで成立するものではありません。教師が一人の幼児と温かい関係を結ぶことは、それを見ている他の幼児にとっても教師への信頼感を寄せることにつながります。さらに、教師が一人一人の幼児を大切にする姿勢は、幼児同士が互いを大切にする姿勢にもつながっていき、それは学級全体の温かい関係をつくり出すことにもつながるのです。

〈事例：新しい友達と（３年保育４歳児）〉

４月下旬、幼稚園生活２年目を迎えたばかりの４歳児の学級に外国から来日してまもないＨ児が入園して来る。Ｈ児は全く日本語が分からないため、担任のＫ教師は、和英辞典を片手に「何とか話が通じますように」と祈るような心境で保育に臨んだ。身振り、手振りを交えた片言の英語が通じると、Ｈ児がにっこりとし担任もうれしくなる。周りの幼児たちもその様子をじっと見ている。

５月下旬、Ｈ児は、Ｋ教師が近くにいると安心して遊び、英語で独り言を言ったり、話し掛けてきたりするようになった。けれども、Ｋ教師の姿が見えないと不安になり、涙を浮かべて後を追い掛けてくる。周りの幼児たちもそのようなＨ児の姿を不思議そうな目で見るようになった。Ｋ教師は「Ｈ君は、担任の私だけが頼りなのだ」と思う一方で「担任との関係だけでよいのかしら」「言葉は通じなくても周りの幼児たちとかかわることができないかしら」と思うようになってきた。

そこで、少しずつ幼児たちに任せていくことにした。「先生は、ちょっと砂場のお友達が心配だから行ってくるわね。Ｈ君のことお願いね」と言って砂場へ行き、しばらくして戻ってくると、「先生、Ｈ君、ちょっと涙が出たからティッシュを渡した」「粘土のごちそうをあげた」などの声があがった。そんなことを繰り返していくうちに少しずつ幼児同士のかかわりが生じてくる。幼児たちは、「グッドモーニングって言ったらＨ君が手を挙げたよ」「この絵本を見せたらＨ君が笑った」と言ってうれしそうにしている。

６月中旬、幼児たちが自分で作ったベルトとメガネを身に付けて積み木の基地で遊んでいた。そこへＨ児が来て、積み木の基地に入る。「Ｈ君はベルトをつけていないからダメ！」と言うが、Ｈ児は基地から出ようとしない。無理に押し出そうとすると大声をあげて怒る。それを見て、ある幼児が「ベルトつけて！」と言いながら、Ｈ児の腰に紙を巻きつける。もう一人の幼児がメガネを作る紙を持ってきてＨ児に手渡す。Ｈ児はその紙を手に、周りの幼児たちと同じようなメガネを作ろうとしていた。

Ｈ児は、担任がその場にいなくても安心して遊ぶようになり、言葉は通じないながら身振り手振りを使って、友達と一緒に遊ぶ姿が見られるようになる。

この事例では、Ｋ教師ははじめに、Ｈ児との一対一のつながりを大切にして、教師自身がＨ児にとって頼れる存在になるように努力しています。学級の他の幼児は、Ｋ教師のＨ児への接し方をじっと見ていました。そして、Ｋ教師は幼児たちの態度や表情から「Ｈ君は、特別でいいな」といった気持ちや、一人一人の幼児が同じように教師との関係を求めている気持ちを感じ取り、Ｈ児への特別扱いを徐々にやめて、幼児同士の関係を結ぶ方向で努力をはじめました。K教師は、言葉は通じなくても表情や身振り、物の提示などによってなんとか意思を通わせようとしてきたK教師の姿から、他の幼児たちもH児とのかかわり方を学び取っていたようです。K教師と学級の幼児たちとの温かい関係がH児を受け入れる土壌になっているとともに、H児の存在が幼児たちとK教師の温かい関係を更に深めていることを事例から読み取ることができるでしょう。

（2）相手の立場に立つ

様々な出来事に対する考え方や受け止め方は、一人一人異なっています。相手としての幼児を理解するということは、幼児の考え方や受け止め方をその幼児の身になって理解しようとする姿勢をもつことだといえるでしょう。

もちろん、現実には完全にその幼児の立場に立つことは不可能なことです。しかし、そのときの様々な状況を考え合わせて、その幼児の立場から物事を見てみようとする姿勢、言動をその幼児の立場で受け止めてみようとする姿勢が教師には求められています。教師は、どうしても自分がこれまで育ってきた過程で経験してきたことによってつくられた自分の枠組みだけで幼児を見てしまいがちです。すぐに遊び出さない子は積極性がない子、遊びを次々と変える子は集中力がない子などと短絡的にレッテルを貼ってしまうのもその例です。

しかし、教師の目にはどのように映ろうとも幼児の行動には、そのようにせざるをえない理由があるのではないでしょうか。教師にとっては当たり前に思えることでも幼児の立場からすれば不安や緊張を伴うことも多いでしょうし、教師の求めることとは違った思いがあるのかもしれません。

〈事例：先生がこわい〉

Ａ児が毎日泣きながら登園するようになってしまった。入園当初のあの元気に遊んでいた様子からは考えられない姿である。担任のＮ教師は、様々な工夫をしながら働きかけたが、あまり効果があるようには思えなかった。そこで、主任の教師とも相談の上、Ａ児の母親と話し合う機会をもって家庭での様子を聞くことにした。

その話し合いの場で、母親がすまなそうに「Ａは『先生がこわい』と言うのですが」と口に出したことについては、Ｎ教師はＡ児に対してあれほど優しく、心を配って接してきたつもりだったので、思いもかけないことであった。Ｎ教師は、やりきれない気持ちで主任や他の教師にＡ児の状況を説明した。

ところが、Ａ児をめぐるいろいろな出来事を話しているうちに、Ｎ教師はハッとあることに気付いた。それは、２週間ほど前、数人の幼児のいたずらを皆の前でかなり厳しい態度で叱ったことである。その幼児たちはすっかり幼稚園生活に慣れているので強く言っても大丈夫と思って叱ったのだが、A児は、入園の緊張がまだ十分に解けておらず自分が叱られているのでなくても「こわい先生」と感じられたのだろう。幼児の感じ方はいろいろで、一人一人の身になって気持ちを受け止めることは難しいとN教師はつくづく感じた。

この事例は、ある幼児への教師の働き掛けが、周囲の他の幼児にとっても教師からの働き掛けとして機能するので、その場にいる一人一人の幼児の心の動きを幼児の視点に立ってとらえていくことの大切さを伝えています。教師が当たり前だと思って行っていること、幼児に楽しいはずだと思っていることなど、保育の一つ一つをその幼児の身になって見直そうという気持ちをもつことは重要なことです。事例のように、親からの情報で幼児の気持ちに気付くこともありますし、記録を読み返すことや他の教師に相談する中で新しい視野が開けることもあります。また、幼児と同じ行動をとってみること、同じ視点から見てみることなども役立ちます。幼児と生活を共にすることの意味もそこにあるのではないでしょうか。

繰り返しその幼児の立場に立ってみようとする意識や構えを強くもつことで、徐々に幼児の気持ちに近づくことができるでしょう。一人一人の幼児と自分の考え方や感じ方の違いに気付くことも、どのような援助が必要かを考えるために大切なことでしょう。

(3) 内面を理解する

表面に現れた幼児の言葉や行動から、幼児の内面を理解することは、幼児の心を育てることを重視する幼稚園教育にとって欠くことのできないものです。

内面を理解するといっても、何か特別の理論や方法を身に付けなければならないものではありません。幼児は、その時々の思いを生活の様々な場面で表現しています。一人一人が送っている幼児らしいサインを丁寧に受け止めていくことによって、幼児の内面に触れることができるでしょう。

気を付けなければならないことは、幼児は自分の心の動きを言葉で伝えるとは限らないということです。様々な思いがあっても、それを伝える言葉がまだ十分でない幼児もいます。また、言葉を知っていても、自分の思いをうまく表現できなくなることもあります。幼児は、自分の内面を言葉だけでなく、表情や動きといった身体全体で表現しています。その表情や動きは瞬間的なもので、とらえることは難しいかもしれません。また、大人の目から見るとかなり予想外の表現の仕方をすることもあります。しかし大切なことは、教師が身体全体で幼児に触れ、その思いや気持ちを丁寧に感じ取ろうとする姿勢をもつことであり、教師自身の枠組みに当てはめて、決め付けないことでしょう。もともと他人の内面を完全に理解することは難しいことです。幼児一人一人の言葉や行動にも、いろいろな意味が考えられます。幼児の気持ちを一方的に決め付けたりせずに、「こんな気持ちだろうか」「これは○○のためだろうか」などいろいろ考え、幼児の気持ちに少しでも近づいていきたいものです。そのようなことを繰り返す中で、次第により深い内面に触れることができるようになるでしょう。

〈事例：赤い自動車がほしかった（３歳児 12 月）〉

Ｔ児はその日、登園するなり友達とけんかをしてしまった。その後は、何をしてもあまり気持ちがのらない様子が続いていた。自動車遊びもいつもなら、友達と一緒に車を走らせることだけで楽しかったのに、今日はなぜか自動車の色にこだわっている。赤い自動車でなくては嫌だとぐずるＴ児の手を引いて、担任のＡ教師は、友達のところに取り替えて欲しいと頼みにいってみた。予想したことではあったが、誰も自分が使っている自動車と取り替えてはくれず、さっとどこかへ走り去ってしまった。

Ａ教師は、寂しそうにしているＴ児をただ膝の上に引き寄せて、黙って寄り添っていた。Ａ教師は後で、「しょんぼりしているＴ児に何をしてあげたらいいか分からず、ただ一緒にいてあげるしかなかった」と語った。

この事例は、保育の様子をありのままに記録したある場面です。教師が赤い自動車をもっている幼児から借りて来てＴ児に渡せばその場は収まるかもしれません。しかし、Ａ教師はそのようにはしませんでした。

Ａ教師は、そのときのＴ児の心の奥に様々な思いが渦巻いているのを感じ取っていたのではないでしょうか。自動車が手にできなかった失望感、貸してくれなかった幼児への恨めしい気持ち、友達に取り残されてしまった寂しさなど、様々な気持ちがあったかもしれません。でも、それはＴ児自身にもよく分からないでしょうし、相手に説明することなどできないものなのでしょう。Ａ教師は、Ｔ児のそのような気持ちを問い詰めようとはしていません。なんとなくしょんぼりしているＴ児の気持ちをただ共に感じているのです。

泣いている幼児に「何で泣いているの？」と声を掛けるのは大切なことですが、理由を聞いて分かることだけでは、内面を理解することにはなりません。「泣いていたんでは分からないじゃないか」と聞いても意味がないでしょう。自分の気持ちを言葉にすることは、感情が高ぶっているときには大人でも難しいことです。また、どのような人にもあるように幼児にも、いろいろ話し掛けてもらいたくないときや、むしろそっとしておいてもらいたいときがあるのではないでしょうか。そのようなときには、むしろ話したくない気持ちを受け止め、そっと見守ることも大事なことかもしれません。泣かなくてはいられないその幼児の心の状態をそのままに受け止めてみることが最良の援助なのではないでしょうか。

幼児の心の動きはその場面だけで理解することはできません。最近の様子や生活の流れ、その幼児を取り巻いている状況など様々な情報を組み合わせてみると違った見方ができることがあるでしょう。

（４）長い目で見る

幼児を理解するには、一つの場面や行動をとらえるだけでは十分ではありません。一つの行動の意味が、そのときには分からなくてもその幼児の生活する姿を長い期間続けて見ていくと、後で理解できたということはよくあることです。また、何かのときに幼児の思い掛けない一面が表れたり、入園の当初はおとなしいと思っていた幼児が緊張が解けてくると活発な面を表したりすることもよくあることです。幼児の持ち味や生活の変化は、教師が幼児と様々な場面で触れ合いを重ねる中で、徐々に理解されてくるものです。教師はあせらず、決め付けずに、日々心を新たにして、幼児一人一人への関心をもち続けることが大切でしょう。

幼児の発達する姿をとらえるためには、とりわけ長い目で幼児一人一人を見る必要があります。次々といろいろな面で変化を見せる幼児もあれば、長い間同じような姿に見える幼児もあります。そのような幼児も、あるときに急に変化を見せることがあるのです。大人は、ともすれば幼児ができること、新たにできるようになったことにこだわりたくなりますが、簡単に目に見えるものだけが発達ではありません。毎日同じように見える幼児でも、生活を共にする中でその姿を丁寧に見ていくと、今、その幼児に何が育とうとしているのか、その幼児が発達の土台となる経験を積み重ねているのかをとらえることができるでしょう。

どの幼児も可能性をもつ存在です。長い目で、一人一人の育ちに期待をもってかかわる教師の姿勢が幼児の発達に必要なのではないでしょうか。

（５）教師が共に学び合う

幼児一人一人に対する理解を深めるためには、互いに支え合い学び合う教師の姿勢が重要です。幼児の姿についての語り合い、複数の教師によるティーム保育、学級・

学年を超えた活動、職員会議や園内研修での話し合いなど、教師が連携する様々な場面があります。そうした場面で教師一人一人が参加関与し、保育のねらいや問題意識を共有することで幼児理解が深められます。

教師と幼児とが出会ったときの状況、心の動き、変化や成長への気付きによって、教師一人一人の幼児に対する理解には違いが生じます。幼児の姿を担任だけでなく他の教師と共に振り返り、情報を教師が共有し重ね合わせ、幼児をより多くの目で見ることで、幼児の内面の理解や経験の質、発達に気付くきっかけとなるでしょう。

また、幼児に対する理解は個々の教師で異なることがあります。それぞれの教師のもつ、子ども観や教育観、教職経験等による視点の違いがあるからです。教師が他の教師と様々に協働する場面を通して、他の教師と自分の視点との違いに気付き、そこから自分自身の幼児に対する理解や幼児とのかかわりを振り返ることが重要です。

このように教師が互いに支え合い学び合って、教師としての専門性を磨いていくためには、教師一人一人のよさが引き出され課題が共有されるような園の雰囲気をつくっていくことを園全体で取り組んでいくことが大切です。

２．幼児理解と評価の具体的な方法

（１）触れ合いを通して

○幼児と教師の相互理解を深めるために、教師はどのようなことに留意して、幼児と触れ合えばよいのでしょうか。

①心に届く触れ合いを

幼児と教師の相互理解は、毎日の生活の中での触れ合いを通して深められます。

一人一人の幼児が自分は教師に温かく見守られているという実感をもつように、一人一人を大切に思う教師の気持ちがその幼児の心に届くような具体的な表現を心掛けることが大切です。

例えば、幼児は肌の触れ合いによって愛情を感じ取ったり、親しみをもったり、安心感をもったりします。泣いている幼児と手をつないだり背中をさすったりすることで、感情が静まることがよくあります。また、膝に抱きあげることで、幼児が親近感をもって、打ち解けて話し出すこともあるでしょう。

温かい視線を送ることが肌の触れ合いと同様に、幼児と教師の相互理解を深めるために役立ちます。心配そうに教師を見る幼児に、目と目を合わせてうなずくとほっとした表情になることに気付くことがあるでしょう。幼児は大人の目に表れる表情に敏感です。目で合図を送る、視線を合わせて話す、笑顔で応じるなど、教師の送る温かい視線から幼児は自分に対する愛情を感じ取り、安心してありのままの姿を教師に見せてくれるようになるでしょう。

例えば、Ｙ教師は、降園の際に「また明日ね」と心を込めて一人一人と握手をしたり、掌をたたかせて帰すようにしたりしています。思いきり強くたたいていく幼児もいるし、そっと優しく押さえていく幼児がいたりして、Ｙ教師には、教師に対するその幼児の気持ちが伝わってくるように思えるそうです。

また、Ｋ教師は幼児に何か言い聞かせなければならないときには、両手を握ったり、膝に抱いたりすることもあるそうです。分かって欲しいことが幼児の心に届いているように自分も感じるし、幼児もそれに合わせて反応を示してくれるということです。

しかし、どのような触れ合いが幼児の心に届くかは、その教師と幼児の関係から生まれるものであって、他の教師の実践をそのまままねてもよい結果は得られないでしょう。一人一人の幼児の心の動きを受け止めながら、どのような触れ合いを幼児が自分に求めているか探っていくことが大切です。

幼稚園生活の中には様々な場面で幼児と触れ合いをもつ機会があります。しかし、何かをさせることばかりに気をとられてしまうと、そのせっかくの機会を逃がしてしまうことがあります。どのようなときにも一人一人の幼児に教師の心が届くようにすることを忘れてはならないでしょう。

②気持ちを受け止める

〈事例：プールが嫌いだもん（４歳児６月）〉

M児（４歳児）はプールがとても嫌いで、プールの支度の時間になると何かと理由を見つけて職員室に訴えに来る。

その日も、M児はその時間になると、悲しそうな顔で「ここが痛いの」と掌を小さく丸めてやってきた。それを見ると薬指の爪の下がほんの少しささくれている。

主任のＨ教師は、M児の手を自分の手で包み込みながら、「そう、ここが痛いんだね。どーれ」と抱き寄せ、顔をのぞき込んで話しかけた。しばらくすると、M児は少し表情をなごませ、「今日ね、Mちゃんのおねえちゃん学校を休んだんだ」と家庭の様子を話し始めた。Ｈ教師は、「そう、今日はおねえちゃんが家にいるからMちゃんも一緒にいたかったのかな」とM児の気持ちを推測してみた。

「うん、おうちで遊びたかったの。だってプール嫌いだもん。顔が濡れちゃうから」「顔が濡れるのが嫌なんだね」と、Ｈ教師がM児の気持ちを受け止めているうち、しばらくしてM児がパッと顔を明るくして「でもね、この前お風呂で潜れるようになったんだよ」と言った。M児の気持ちが自分の中でふっきれて、嫌なことだけではなく自分のできることに目が向きはじめた。

Ｈ教師はこのやりとりをM児の担任のＴ教師に伝えた。Ｔ教師は、さりげなく機会をとらえて、「Mちゃん、お風呂で潜れるようになったんだって、すごいね」とほめた。１学期の末になると、M児は職員室に姿を見せなくなっていた。M児がいつの間にか自分から水着に着替えはじめていたのである。

事例の中のＨ教師は、M児に対してプールの支度をするように励ましたりしていません。この事例からは、ただ、M児の心の動きに寄り添って、気持ちを大切に受け止めようとしているＨ教師の気持ちが伝わってきます。

他の幼児たちがプールに入る気配が伝わってくると、M児はなんとなく不安になってくるのでしょう。その不安をどうやって乗り越えたらいいか、なぜ不安になるのか、M児自身にも分からないことです。それがＨ教師との触れ合いを通して、自分の気持ちを伝えはじめているようです。Ｈ教師もM児とのやりとりを通して、M児の本当の気持ちに気付いています。そうした触れ合いの中で、M児が自分の力で不安を乗り越えていく様子が読み取れるでしょう。

保育は幼児と教師の信頼関係を下にして、幼児が直面する自分自身の発達の課題を自分の力で乗り越えようとすることを援助する営みということができます。保育の中で教師は、ともすると大人と話すように、「がんばりなさい」「こうやればいいのよ」「どうしてなの？」など、表面に表れた事柄だけに目を向けて励ましたり、やり方を指示したり、理由を問いただしたりしがちです。そうではなく、言葉や行動の底にある幼児の気持ちを受け止め理解しようとすることが大切なのです。そこで初めて、幼児が自信をもって自分の課題を乗り越えようとする力を育てることにつながっていくのです。

③触れ合いを楽しむ

幼児を理解するために、取り立てて難しいことが必要なわけではありません。保育の中で幼児と触れ合いながら、ありのままの姿を受け止めていくという、ごく日常的な教師の行為が大切なのです。そこには幼児との触れ合いを心から楽しむ教師の姿勢がなくてはならないでしょう。自分たちと一緒の生活を本当に楽しんでいる教師の下では、幼児一人一人が安心して伸び伸びと遊び、自分の世界を広げていくことができるのです。

〈事例：Ｓ教師が幼児と土粘土遊びを楽しんだとき〉

土粘土遊びの準備をしていると、さくら組（５歳児）のＡ児、Ｂ児、うめ組（４歳児）Ｍ児、Ｔ児、Ｙ児たちが入れ代わり立ち代わり入って来る。

年長のＡ児は、土粘土を既に造形の素材として使っている。うめ組は、水を入れてどんどん柔らかくして、ぬるぬるした感触を楽しんでいる幼児が主流である。その楽しみ方も時間がたつにつれて、どんどん大胆になっていく。Ｍ児など、板の上にあがって土粘土を踏んでいて尻もちをついた。その途端に大胆になって、なにかを形作るという気持ちなど皆無の様に、体全体で取り組んでいる。Ｍ児にとって、心を解き放つということが今日の土粘土を通しての一番大きな経験ではないか。屈託のない笑顔とおしゃべりの声の勢いのあることがそれを物語っているなと思う。私はといえば、土粘土の柔らかな感触を心地よいと思いつつ、何かを作りたいなという気持ちになる。それで、年長児のＡ児と共同で象を作る。私とＡ児とがなかなかの象を作っているのが、うめ組の幼児たちの視野に入っているはずなのに、うめ組の幼児たちは私たちの流れに決して乗ってはこない。自分たちの楽しいことを追求し続けている。そのことが４歳児らしく、また大変に興味深いことであった。

この事例では、教師自身が土粘土遊びを通して幼児たちと触れ合い、一人一人の心の動きを感じ取っています。そして、Ｓ教師自身が楽しんでいる姿に対して、幼児たちが様々な反応を見せることから学びとることが多いことを示唆しています。

④幼児同士のかかわりから学ぶ

触れ合いを通して幼児を理解するといっても、あまりその幼児に密着しすぎるとかえって見えにくくなる場合もあります。幼児の生活する姿は、教師との相互関係の中で生まれてくるものですから、教師が密着しすぎると枠がはめられて、幼児が自主性を発揮しにくくなることもあるのです。また、保育は、幼児が周囲の環境とかかわりを通して、自分の世界を広げていくことを支える営みですから、周囲の様々な状況との関連を大きく包み込んでとらえていかなければならないでしょう。幼児を理解する際に必要なこの姿勢を幼児同士のかかわりから学ぶことがよくあります。以下は、教師が幼児同士のかかわりに学びながら幼児を理解しようとした事例です。

〈事例：転入して来たM児をめぐって（５歳児４月）〉

M児（５歳児）は、最近、静かな農村から転居し、小規模の幼稚園から大規模の幼稚園に転入した幼児である。

M児は、初日から張り切った様子でやってきた。しかし、M児は教師にも他の幼児にも言葉で話しかけようとしない。担任の見よう見まねで身じたくを整え、すぐに遊んでいる他の友達の後に行ってじっと見ている。次々と友達の遊びの様子をのぞき回って数日が過ぎた。その間、一言も言葉を発しないが、退屈したり、不安がったりしているわけではなく、M児なりに楽しんでいる様子である。日常生活の場面でも、友達のまねをして何となく過ごしている。なによりも旺盛な好奇心が担任を安心させた。担任は、「M児は大きな幼稚園の雰囲気に慣れていないのでまだ自分を出せてはいないが、結構たくましい。それに、友達のたくさんいる幼稚園がそれなりに楽しいらしい」と考え、M児の様子を遠くからさりげなく見守っていくことにした。

M児が一番興味をもったのが巧技台の遊びである。他の幼児のまねをして仲間入りをする。他の幼児たちは、途中から入園してきた口をきかないM児をすんなりと受け入れて楽しそうに遊びを続けている。しかし、やはり遊びのルールは伝わりにくく、M児が遊びから抜け出してしまうこともある。そんなとき、担任は幼児たちが巧技台で遊んでいる様子に関心を示しながら見ていると、他の幼児はM児を追ったりせずに遊びを続け、またM児が近づいてくると、順番に並んだ列の間に引き入れたりしている。

担任は、さりげなくM児を仲間に誘い、しかもM児の気持ちも尊重している学級の幼児たちの力に感心した。そして、これからも必要がない限りM児やM児をめぐる友達の行動に介入することは避けて、M児の様子を見守っていくことにした。

保育の中でまず大切にしたいことは、幼児が教師にしっかりと見守られているという安心感をもつことです。それとともに、もっと大事にしなければならないことは、安心して教師から離れて独り立ちができるようにすることです。

幼児自身の足取りを受け止めながら、温かく見守るという姿勢が、援助の手立てを考えるために必要なことなのです。この事例の中で教師は、幼児は幼児なりの環境を構成し、その中で他者に対する関係、人間同士のルールの必要性、優しさや温かさ等を身に付けていくことができることを学んだといいます。それは、教師からの独り立ちをする第一歩といえるのではないでしょうか。

（２）記録の工夫

○幼児を理解し適切な評価をするためには、日常の保育の中でどのように記録をすればよいのでしょうか。

①記録の工夫

幼児を理解し評価する手掛かりの一つとして、幼児の生活する姿を記録に残すことが必要になります。記録の視点や方法に一定の形式はありません。まず大切なことは、自分で記入しやすい方法・様式で記録を残す習慣を付けることではないでしょうか。記録の必要性や視点などについては、幼稚園教育指導資料第１集『指導計画の作成と保育の展開』第１章２で詳しく述べていますが、既成の形にとらわれることなく、自分らしい記録の方法を工夫することが大切です。

ここではいくつかの記録の工夫を紹介します。

○エピソードを記録する

Ｆ教師は、毎日の保育の中で特に心に残ったことをノートに記録しています。自由な保育日誌といったものです。形式にとらわれずにとにかく気付いたことを書き残しています。自分なりに書いてみることでその幼児の気持ちが見えてきたり、自分のかかわり方の是非に気付いたりすることがあるようです。

○月○日	クイズ形式で出席ノートを返す。クイズは、一人ずつのエピソード、特性を織り込みながらそれが誰であるのかを当てていくもの。 一人一人をよく知っておかなければクイズにならないことから、私の一人一人についての把握の甘さを思い知らされたというのが終わってからの実感。苦しまぎれに、「紺色のソックスをはいている人です」とか、「今日泣いた子です」とか逃げ道をつくったりもする。 しかし、幼児たち同士の情報収集力は、日増しにパワーアップしているなと感心する。確実に誰かが当てていく。お互いクラスメートとして親しい間柄になってきていることが分かる。
○月○日	Ｎ児が仲良しのＣ児の誘いを振り切って、土粘土をする。このこと自体、Ｎ児にしては珍しいこと。それだけやりたいという意志が、はっきりしたものだったに違いない。そして私は、泥だらけになりながら、ぬたくりを楽しんでいるＮ児の姿に目を見張った。今まで見えなかったＮ児の側面を見たような気持ちになりとてもうれしかった。

しかし、この方法では個々の幼児の記録としてはそこから抜けるものが多いので、Ｆ教師は２週間に一度ぐらい、読み返しながら全員の名簿でチェックしています。この結果、自分の記録にいつも登場してくる幼児とそうでない幼児がいることに気付いたそうです。この作業をすることが記録の少ない幼児について、改めて保育の中で目を向けていくことに役立っており、一人一人の幼児に目を行き渡らせることにつながっていくといいます。

○週案、日案の用紙を使って

Ｔ教師は保育が終わった後に、日案の用紙を使って記録をしています。その日の指導計画を立てたときに願っていたことや、教師が幼児の活動について予想していたことを見ながらその日の記録をすることによって、幼児の姿を思い出しやすいのです。しかし、記入するスペースが少ないので、日案の生活の予想の部分だけをコピーして別紙に貼り付け記録用紙としていることが多いようです。

<table>
<tr><td>9:00　・トマトを見る
　　　　ヒマワリを見る
　　　・丸太小屋で遊ぶ</td><td>→ 幼児たちの目の高さとちょうど同じくらいの高さになっているトマト。毎日楽しみに眺めている姿がある。今日は月曜日。土曜日にはその気配もなかったのに今日色づいているトマトを見つけて驚く幼児。自分のトマトだけにたっぷりと水をやる幼児、他の人のまでやる幼児など様々である。</td></tr>
<tr><td>　　　・室内で遊ぶ
　　　・ままごと
　　　（積み木の基地で）
　　　（ままごとコーナーで）
　　　・マントをつけて
　　　　ごっこ遊び</td><td>→ 今日もすっかり想像の世界の住人になっている人たちが大勢いる。お母さんが二人いても一向に気にならない幼児もいる。それも発達の一つの現れであろう。それぞれの家庭の様子の再現かと、私は興味深く、見飽きない。また、客人となって仲間に入れてもらう。</td></tr>
<tr><td>　　　・紙を切って貼る

11:15　・片付け

11:30　・おべんとう

12:15　・好きな遊び
　　　・さらさら砂づくり</td><td>→ 今朝、見事なびわを届けていただく。きれいな色と香りと味を深く感じるためにお皿に盛って机の上に置く。その後、賞味することになる。貼り絵をしている幼児たちが「びわだ」と言って紙をちぎりはじめた。しかし、糊という素材に幼児たちはなじんでいない。本当に全然。べったりつけすぎか、あるいは糊をつける面を間違えているとか。考えてみれば便利な時代。セロハンテープだってステイプラーだってある。糊を使う場面に遭遇していないだけ。しっかりと手や指先を使う機会をできるだけ多くつくっていきたいと思った。ともかく愛らしい貼り絵のびわのできあがり。
　その子らしくどれも生きている。お弁当の後、みずみずしくも甘いびわをごちそうになる。</td></tr>
</table>

12:55	・片付け ・歌を歌う「トマト」→ ・リボンをなびかせてスキップ	みんなで歌える歌をたくさんものにしていきたい。選曲の基準は、今のところややこしくない曲で、いつでも口ずさめるような愛らしい小曲ということを考えている。「トマト」の二番の歌詞「トマトってなかなかおしゃれだね……」の小刻みの歌詞。みんなで歌うとそろいにくいが、もうすぐ、うめ組の愛唱歌の一曲になること間違いなし。
13:30	・降園	

[今日の保育の考察]

・幼児たちのよき遊び相手であった教育実習生が今日からいない。大人が少ないというのはその分、幼児たちが“自分でする”ことが多くなるということ。そのことに期待したい。

・四つのグループが生活グループとしての機能を発揮しだした。８～９人のメンバーが仲間として生活していくことで、お互いがより親密な関係になることを期待している。そして、自分を主張することとコントロールすることをも学んでいく機会。

○個人票に視点の欄を設けて

Ｅ教師は、個人票を作って記入しています。五つの視点の欄を設けて、１期分を記入するそうです。視点は、幼稚園の指導の重点等からヒントを得て、「興味･関心」「遊びの傾向」「自然へのかかわり」「人とのかかわり」「生活への取り組み方」を取り上げています。

②記録から何を読み取るか

幼稚園における評価は、個々の幼児の心の動きや発達を理解することによってよりよい保育を生み出すためのものです。

そのために、これまで述べてきた記録の取り方を工夫することが必要となりますが、その記録から何を読み取るかが保育を改善するために大切な意味をもちます。ここでは、記録をいかに生かしていくかという観点から述べていくことにします。

○個々の幼児の生活の変化

日々の記録から、個々の幼児の生活する姿や心の動きをとらえることの大切さについては既に述べたとおりですが、そのような記録を累積して、幼児の発達する姿をとらえていくことが大切な点です。幼稚園教育は、個々の幼児の特性や発達の課題に応じて行うものです。ある期間でとりためた記録をまとめてみると、その幼児の生活がどのように変化してきたかが浮かび上がってくるでしょう。興味や関心の示し方の変化、友達とのかかわり方の広がりや深まりなども記録を読み返すことで気付くことが多いものです。そのような変化をとらえた上で、今どのような援助が必要なのかを考えることが大切なのです。

○幼児の姿を生み出した状況

Ｋ教師は一人一人の幼児について、どの方向に向かって指導を進めたらよいか分からなくなることがよくあるといいます。そのようなときはメモ用紙をそっとポケットに忍ばせて、保育をしながら幼児の様子をメモすることにしています。このメモを基に幼児の遊ぶ様子を丁寧に見てみると、いつもけんかばかりしているように見える二人の幼児が、互いに支え合う存在であって、二人のイメージの違いがトラブルの種になっていることなどが見えてきたそうです。

日々の保育の中で詳しい記録をとることは、そうできることではありません。記録することが苦労の種にならないように、Ｋ教師は記録する回数を最小限にとどめるようにしています。

また、記録する視点を絞ることも大切です。幼児の動線に視点を当てたり、新しく出した素材への取り組み方や動物とのかかわりなどを見たり様々な視点を工夫しています。そのことによって幼児の姿を周囲の状況との関係でとらえ

ることができ、それが教師のかかわり方などの環境の構成を考えるために大事な手掛かりになるとK教師はいいます。

○教師自身のかかわり

幼稚園において、日々の保育を記録にとり、その記録から個々の幼児の生活の変化や生活を生み出した状況をとらえることとともに、記録から保育の中での教師自身の姿に気付くことも保育を改善するために欠くことのできない重要なことです。教師一人一人が個々の幼児に対して行う保育は、教師の全人格的な営みであり、そのような営みによって生み出された環境の中から幼児はそれぞれの個性や発達の状況に応じた刺激を受け、自己を成長させていくものです。

しかし、教師自身が個々の活動に没頭し幼児と無意識に触れ合い、その時々の漠然とした全体の印象だけが心に残っていることがあります。また、教師自身の願いが強く、教師の意図に沿った幼児の姿だけが記憶に残り、幼児の反応を的確にとらえられていないこともあります。

このような点を踏まえ、「①記録の工夫」で紹介したF教師のエピソードを記録した事例をもう一度見てみましょう。F教師の記録には、幼児の生活の状況を記録していく中にF教師自身の営みも書き込んでいます。そこからF教師自身はそのときに自分が考えていたことや自分のかかわり方に対して個々の幼児がどのように反応したかを読み取って保育を反省する材料にしようとしています。教師のかかわり方は適切であったか、指導の方向はこれでよかったかなど、幼児の発達する姿と照らし合わせて反省・評価するためには、記録の中にその時々の教師自身の思いや動きなどを具体的に書き込んでいくことが必要なのです。

（３）多くの目で

○幼児の姿をより深くとらえるためには、どうしたらよいでしょうか。

①事例研究の場で

一人の教師の目に映った幼児の姿は、それぞれの幼児のごく一部です。また、教師自身のものの見方や考え方によって、その姿の見え方は違ってきます。幼児のありのままの姿をとらえるためには、多くの目で見たことを重ね合わせることが必要です。実際には指導事例を中心として、教師相互に意見を交わすことが行われているでしょう。皆で話し合う中で、自分に見えなかった幼児の姿に気付くことが多いですし、自分の保育の問題点なども見えてくるかもしれません。

その意味からも園内研修を大切にしなければならないでしょう。園内研修では、ビデオや写真などの記録を用いて教師自身の保育を振り返ってもよいでしょう。

また、一日の保育終了後に一日の保育の中でのエピソードを出し合いながら、教師間で幼児の見方や保育の考え方を交流していくことも大切です。さらに、こうした設定された時間だけでなく、教職員の日常的な会話の中でも幼児理解や保育の考え方について交流することができます。むしろ、改まって設定した話し合いではなく、日常的な会話の方が、自分の見方や考え方を率直に話したり、疑問に思ったことなどについてもあまり構えずに質問したりして、自由に話し合うこともできるかもしれません。こうした日常の話し合いが教職員間で活発になされることで、園内研修や保育終了後の話し合いが実り多いものとなっていくのです。

保育は、一人の教師の力だけでは成り立ちません。幼稚園の教師全員が互いに励まし合いながら、幼児を見る目を高めていけるような教職員の協力体制をつくる役割が園長や主任の教師に求められているのです。

②多くの保育に触れる

幼児の姿をより深くとらえるには、様々な保育や保育観に触れることが必要です。他の教師の保育を参観することもそのために役立ちますし、研究資料などを読むことから幼児の姿を読み取った事例に触れることも大切でしょう。

また、ありのままの保育を収めたビデオや映画などを見て話し合うことも役立ちます。様々な保育の中に見られた幼児の姿を通して、自分の幼児に対する見方を広げていくことが大切なのです。

(4) 家庭からの情報

○幼児についての情報を家庭から得るためには、どのような配慮が必要でしょうか。

①信頼関係を築きながら

幼児理解を深め、一人一人の幼児に適切に対応した保育を進めるために、家庭からの情報は大きな意味をもっています。幼児にとっては、幼稚園と家庭は連続した生活の場として機能しています。当然、家庭での様々な生活の姿は、幼児の幼稚園での生活に反映されますし、幼児を取り巻く家庭の人々の感情や生活態度が幼児の姿に微妙な影響をもたらすことがあります。いろいろな機会に幼児の家庭での生活の様子を把握して保育に生かしていく必要があるでしょう。

登園時に、ある幼児の様子がなんとなく落ち着かなく、一日の遊びでもあまり元気がないので担任の教師が心配し、迎えに来た母親にこのことを伝え、家庭での様子を聞いてみると、昨夜父親が、けがのために入院したことが分かりました。次の日から担任の教師は、その幼児の寂しい気持ちを受け止めながら、父親の様子を案じつつ退院を心待ちにするような援助をすることができたそうです。

この事例は、家庭からの情報がよい結果をもたらしたものですが、教師の姿勢によっては、家庭からの情報のもつ意味が変わってくることがあるのです。

〈事例：思いがけないなりゆき〉

担任のＡ教師は、Ｍ児の動作が遅いことや身の回りの始末がうまくできないことに気付いて指導の方向を探ろうとしていました。そこで、母親にそのことを伝え、家庭での様子を聞こうとしたのです。母親の話では、家庭でのＭ児は大変しっかりしていて、身の回りのことも全く心配がないということでした。

ところが数日後、Ａ教師の耳に思いがけない話が聞こえてきました。Ｍ児が家庭で母親に厳しく叱られ、毎日泣きながら服を着る練習をしているというのです。Ａ教師にとっては、全く思いがけないなりゆきでした。

この事例には、家庭から幼児についての情報を得るときに配慮しなければならない次のような点が含まれています。

○　まず幼児を理解し、よりよい指導を考えるために、どのような情報を家庭に求めるのかを十分に検討する必要があります。家庭での生活の様子を知ることがその幼児のよりよい指導を考えるために全て役立つとは限らないのです。毎日の幼児との生活の中では「どうしたらいいか」と戸惑う場面に出合うことがしばしばあると思います。そのようなときにも、幼児の思いを十分に受け入れながら教師としてできるかぎりの指導の手立てをつくしてみることが大切なことはいうまでもありません。その中で、どのような情報が必要かを具体的にとらえることが大切でしょう。漠然としたままで家庭に情報を求めることは思わぬ感情のもつれを生じ、信頼関係までも壊してしまう結果にもなりかねません。

○　幼児についての必要な情報を家庭から得ることは、幼稚園からの情報を家庭に伝えていくことと密接につながっています。親が幼稚園と一緒になって、幼児の教育について考えていこうという気持ちをもつためには、日常の教師の態度が打ち解けたものであり、安心して我が子と幼稚園の話ができるような情報を伝えることが必要であると思います。登降園などの何気ない機会をとらえて、その日の保育の中で気付いた幼児の育つ姿を具体的に伝えてくれる教師には、親も我が子の成長を喜び合い考え合う者同士として、家庭での様子をありのままに伝えてくれるようになるでしょう。幼稚園と家庭が情報を交換し合うことが互いの信頼を深め合うことでもあるのです。

○　信頼関係がなければ役に立つ情報が得られないということです。A教師のM児に対する突然の事実の指摘は、母親に対する非難として受け止められたのかもしれません。「家では心配がない」という母親の話は、担任のM児に対する、ひいては母親に対するマイナスの評価から我が子と母親自身をかばおうとする気持ちの表れではないでしょうか。それがM児に対して家庭での厳しいしつけとなってしまったようです。もし担任の教師がM児の行動に対してプラスの見方をしていたら、あるいは母親に事実を伝える際に母親の気持ちを配慮した伝え方をしていたら、結果は違っていたと思います。日常の積み重ねの中で、互いの間に本音で話し合える関係をつくり出すことが、まず大切なことなのです。

②幼児の見せる様々な面を受け入れる

家庭での幼児の姿について話を聞いていると、時折、「家庭ではそうなのに、どうして幼稚園では……？」と疑問をもつことがあるでしょう。例えば、幼稚園では一日中ほとんど口をきかないのに家ではおしゃべりだったり、家では親の言うことをよくきく従順な子だと聞いているのに幼稚園に来ると暴れん坊だったりすることです。大人は生活の中で場や相手によって対応の仕方を変えているのが普通です。幼児であってもいつも同じような対応の仕方をするわけではないのです。家庭で親や兄弟姉妹に見せる面、教師に対して見せる面がそれぞれ違っているものです。違った自分の表し方をするからこそ、それぞれの場が大切です。

教師の前で示す姿だけにとらわれて、この子はこのような子と決め付けたり、家庭から知らされた姿のみにこだわったりしないで、いろいろな場で見せる多様な姿をありのままに受け入れていくことが大切です。その中から幼児が、幼稚園という生活の場や教師をどのように見ているかをとらえることができるでしょう。そのことを踏まえた上で、よりよい方向に伸びていけるような援助を考えていきたいものです。教育課程に係る教育時間の終了後等に行う教育活動（いわゆる預かり保育）で見られる幼児の姿についても、違った面を見ることができるかもしれません。

③情報交換のための方法を工夫する

幼稚園と家庭が幼児の育ちをよりよい方向に促すためには、本音で話し合える場をつくり出すための様々な工夫が必要です。登降園時や個人面接、学級懇談などは日常的に取り入れやすい方法でしょう。

ある幼稚園では、菜園作りや園庭の清掃などの作業の手伝いを、保護者に負担にならないくらいに、週に一日程度依頼し、教師と共に作業する中で気軽に情報交換をする機会としています。また、別の幼稚園では、グループ懇談を行うことで、参加者ができるだけ話しやすい雰囲気をつくるように努めています。さらに、保育終了後に園庭を親子に開放する日を設けて、教師がその中で親と話を交わせるように工夫している幼稚園もあります。

いずれの場合にも、保護者の話を最後まで尊重して聴こうとする教師の姿勢や、どの幼児も大切な存在として受け止め、保護者と共にその成長を温かく見守っていこうとする姿勢をもつことが大切です。また、個人的な秘密を絶対に守ることは、信頼関係を保つためにも大切であることはいうまでもありません。

また、ある幼稚園では、手紙や連絡ノートなどを利用して、情報交換をすることを重視しています。書くために時間がかかることが問題点として挙げられていますが、自分の伝えたいことを整理できることや、家庭での考え方も冷静に受け止められることなどがよい点だといいます。この方法も、幼児の可能性やよい面を中心に伝え合うことがよい結果を生むことに留意する必要があるでしょう。

3．日常の保育と幼稚園幼児指導要録

「評価」という言葉から、幼稚園幼児指導要録（以下「指導要録」と表記）を思い起すことが多いと思います。指導要録は「学籍に関する記録」と「指導に関する記録」で構成されていますが、特に「指導に関する記録」には、一年間の保育の過程でとらえ続けてきた幼児の姿と評価が集約されて記入されます。ここでは、指導要録の法的根拠とその役割について述べるとともに、日常の保育の中で行われてきた幼児理解や評価が、どのように「指導に関する記録」に記入されるか、また、指導要録に残された記録をどのように生かせばよいかについての考え方を述べていきます。

（1）指導要録の法的根拠

指導要録は、どの幼稚園にも備えなければならない公簿です。各幼稚園長は、幼稚園教育要領の趣旨に沿って、指導要録を作成する義務があります。

このことについて、学校教育法施行規則第24条「校長は、その学校に在学する児童等の指導要録（学校教育法施行令第31条に規定する児童等の学習及び健康の状況を記録した書類の原本をいう。以下同じ。）を作成しなければならない」とされています。また、同規則第24条第２項には、「校長は、児童等が進学した場合においては、その作成に係る当該児童等の指導要録の抄本又は写しを作成し、これを進学先の校長に送付しなければならない」とされています。

指導要録は、幼児の学籍並びに指導の過程とその結果の要約を記録し、その後の指導及び外部に対する証明等に役立たせるための原簿となるものです。すなわち、指導要録は指導のための原簿という性格と同時に、外部に対する学籍の証明等の原簿という二つの性格をもっています。

指導要録は、「学籍に関する記録」と「指導に関する記録」で構成されています。「学籍に関する記録」は、当該幼児が確かにその幼稚園で教育

を受けたことを示すものであり、外部に対する証明の原簿となるものです。「指導に関する記録」は、一年間の指導の過程とその結果を要約し、次の年度の適切な指導を資するための資料です。学校教育法施行規則第28条において、指導要録の「学籍に関する記録」は20年間、「指導に関する記録」は５年間保存することが定められています。

なお、平成21年に通知された「幼稚園幼児指導要録の改善について（通知）」（20文科初第1137号）の様式の参考例によれば、保存や管理、利用上の観点などから、「学籍に関する記録」と「指導に関する記録」とをそれぞれ別の用紙に記入することになっています。

（２）指導要録の役割

指導要録は、指導のための原簿という性格と同時に外部に対する学籍の証明等の原簿という二つの性格をもっていることは前述してきましたが、特にここでは、「指導に関する記録」に焦点を当て、指導要録の役割について述べます。

①よりよい指導を生み出すための資料

「指導に関する記録」は、一年間の指導の過程とその結果の要約を記入して、次の年度の適切な指導を生み出すための資料として残すものです。「指導に関する記録」に記入される内容は、一年間の具体的な幼児の発達の姿であり、その幼児に対する教師の指導についての反省・評価です。指導要録の記入を通して自分の保育を振り返り、自分の指導とその幼児の発達する姿の関係に気付くこと、そして、そのことを手掛かりにして指導を改善していくことが評価の重要な意味です。

指導要録の「指導に関する記録」の役割は、次年度のその幼児に対するよりよい指導を生み出す資料であるとともに、教師の指導する力を高めるために役立つものであるといえるでしょう。

②幼児期にふさわしい教育を実現するための評価の視点

「指導に関する記録」の様式の参考例は、教育要領に示された指導及び評価の考え方に基づいたものとなっています。このことについては、本書の第１章で既に述べていますが、一人一人のよさや可能性を積極的に評価し、持ち味を大切にして発達を促すという観点から、幼稚園教育の特質を生かした記録が行われるように評価の視点を明らかにしています。すなわち、一年間の保育記録を振り返り、「発達をとらえる視点」にそって発達の状況を整理します。その上で、次の欄によって、その幼児の発達の特性と指導の過程を明確にとらえて、指導と評価の一体化を図ろうとするものです。

ア　何を重視して指導を進めてきたかを明確にするための「指導の重点等」欄
イ　幼児の発達する姿と次年度の指導に必要と考えられる配慮事項等を記入する「指導上参考となる事項」欄

ア、イ欄は、幼稚園における保育をつくり出すために重要な要素であるということができます。保育は、生活を通して一人一人の幼児の発達を促す営みであるので、当然、幼児の生活する姿から発達をとらえていかなければなりません。

幼稚園教育要領には、生活を通して総合的な指導を行う視点であると同時に、幼児の発達をとらえる視点である「ねらい」が五つの領域にまとめて示されています。実際の保育では、各領域のねらいや内容の全てを視野に入れて、幼児の生活にふさわしい具体的なねらいと内容をおさえて指導を進めますが、その際に一人一人の幼児の生活する姿を領域の窓から見て、その幼児が経験していることは何か、今、育とうとしているのはどこかをとらえ適切な援助を考えていきます。つまり、保育を進めるためには、生活全体をとらえる総合的な視点と発達をそれぞれの側面からとらえる分析的な視点をもつことが必要なのです。指導要録の「指導に関する記録」においても幼稚園教育要領の領域に示されている「ねらい」を発達をとらえる視点として挙げています。このねらい（発達をとらえる視点）と、指導の重点等に記入する学年の指導の重点等との二つの視点（分析的視点と総合的視点）に照らして具体的にとらえた幼児の発達する姿を「指導上参考となる事項」の欄に記入することになります。

第１章でも述べたように、幼児期にふさわしい教育は、他の幼児と比較して優劣を付けたり問題点を見付けたりすることではなく、その幼児の育とうとしているところや可能性を見付けて、支えることによって成り立つものです。幼児の発達する姿は、一人一人固有のものであり、どの時期にどの側面が伸びるかは、一人一人の幼児のもつ特性や生活経験によって異なってきます。このような発達する姿のその子らしい特徴をとらえることも忘れてはなりません。

二つの欄によって構成される「指導に関する記録」は、その幼児の発達と指導の足跡を明らかにするとともに、幼児理解を基にして展開する保育を改善するための評価の視点を示すことになります。

③小学校生活への橋渡し

幼児が小学校へ進学する際には、指導要録の抄本又は写しを送付することになっています（学校教育法施行規則第24条第２項）。指導要録の内容を送付することによって、その幼児の発達の特性がよく理解され、小学校生活が充実したものとなるようにしなければなりません。

小学校においては、送付された指導要録の内容から、一人一人の幼児がどのような幼稚園生活を過ごしてきたか、また、その幼児のよさや可能性などを受け止めて、第１学年を担任する教師のその幼児に対する適切な指導を行うための参考資料としています。

つまり、指導要録には、幼児が小学校においても適切な指導の下で学習に取り組めるようにするための橋渡しという大切な役割があるのです。

その意味からも、特に５歳児の「指導上参考となる事項」の記入に当たっては、小学校の立場からその幼児の発達する姿が具体的に読み取れるように、また、自己実現に向かうために必要だと思われる事項などを簡潔に読みやすく表現することが必要でしょう。

（3）日常の保育と指導要録への記入

ここでは、日常の保育からどのように評価し「指導に関する記録」を記入するかについて述べます。「学籍に関する記録」の記入の留意事項については、巻末の参考資料を参照してください。

①保育記録から「指導に関する記録」の記入

「指導に関する記録」への記入は各年度末に行われるものですが、それはその時期だけに行う日常の保育と切り離された特別な作業ではなく、日常の保育の連続線上のものであることに留意しなければなりません。

したがって、毎日の保育は、幼児の生活する姿からその幼児のどういうところが育っているのか、伸びようとする面はどこか、何に興味をもっているかなどをとらえ続けながらつくり出していきます。「指導に関する記録」は、次の年度にもその幼児の特性を踏まえた適切な指導が受けられるように、一年間の指導の過程の中でとらえ続けた幼児の発達する姿を振り返ってまとめ直し、その幼児らしさや可能性をとらえるという観点から分かりやすく記入する必要があります。

このため、日々の保育で保育記録を書く際に、次のことに配慮する必要があります。

まず、常に幼児とかかわる教師の基本的な姿勢を踏まえ、幼児理解に基づく評価がなされていることです。また、一年間を通して、幼児の実態を諸側面からとらえた保育記録が綴られていることも必要です。さらに、幼児の変容と教師のかかわりとの関係が時間の経過とともに示された保育記録となっていることも大切です。（第２章２、第３章参照）

②各欄の記入について

○「指導の重点等」の欄

幼稚園における評価とは、よりよい指導を生み出すためのものですから、幼児の発達する姿をとらえると同時に、その姿の背景となっている指導に対して、反省･評価を行うことに重要な意味があります。そのため、指導の重点等の欄には、その年度にどのような方向に向けて指導を行ってきたかを明確にするために、二つの点を記入することとしています。

その一つは、幼稚園教育要領のねらいや内容に沿って、各幼稚園の教育課程や年間の指導計画などの中で、学年のどの幼児に対しても指導の重点として目指してきたものです。この重点は、年度の初めに長期の見通しとして設定されたもので、どの幼児にも同じものを記入することになるでしょう。

もう一点は、一年間の指導の過程を振り返って、その個々の幼児の指導に当たって、実際に何を重視してきたかを記入するものです。ここで注意したいのは、個々に対する指導の重点は、あくまでも一年間の指導を振り返ってみて、はじめてとらえられるものだということです。学年全体に対する重点のように、年度の最初から一人一人に対して目標をもつという意味ではありません。日頃から累積してきた記録などを活用して、その幼児に対しての指導の重点を探ってみることは、その指導が適切であったかどうかを反省・評価することにもなるでしょう。

○「指導上参考となる事項」の欄

この欄は、この様式に示されている「ねらい（発達をとらえる視点）」と「指導の重点等」に照らして、一年間の指導の過程と幼児の発達する姿について具体的に記入するものです。

同時に、この欄は、次の年度の指導に必要と考えられる配慮事項等について記入するためのものですから、どのようなことを記録に残すことが、よりよい指導を生み出すために役立つかを十分に考えることが必要でしょう。

記入の内容は、一年間の指導の過程を記録した資料などを活用して、具体的な興味や関心、遊びの傾向、生活への取り組み方などによって、発達する姿を記述することが適当でしょう。その場合、できるだけ具体的で簡明な書き方をする必要がありますが、幼児の発達を促す観点から問題点を指摘するのではなく、年度当初の姿と比較してその幼児の伸びようとしている面、よさや可能性をとらえることを中心に記述することが大切です。

手順としては、まず一年間の保育記録を読み直し、幼稚園教育要領第２章「ねらい及び内容」に示された各領域のねらいを視点として、当該幼児の発達の実情から向上が著しいと思われるものをとらえていきます。それは、他の幼児との比較や一定の基準に対する達成度についての評定によってとらえるものではないことに留意する必要があります。常に当該幼児の年度当初の姿を基にして、どのように変化したかをとらえ、幼稚園生活を通して全体的、総合的に評価し、幼児の全体的な発達の状況が分かるように記入します。

このため、実際の記入は年度末に行いますが、年度の初めから幼児の発達する姿をとらえ続けながら保育を進め、その過程を保育記録として残しておくことが大切なのです。

○「備考」の欄

「備考」欄は、出席停止等、教育日数にかかわる事項について、詳細を記載する必要がある場合に記入します。

また、教育課程に係る教育時間の終了後等に行う教育活動（いわゆる預かり保育）を受けている幼児については、その時間の中で特に指導上参考になることなど、記載する必要がある場合に記入します。必要に応じて、当該教育活動を通した幼児の姿を記入することになります。

③日常の記録と「指導に関する記録」記入の実際

ここに取り上げた事例は、いわゆる記入例ではありません。「指導に関する記録」は、一人一人の幼児の発達と教師の指導の足跡を記した大切な記録ですから、教師が自分の目で見た幼児の発達の姿を自分の言葉で記入したものでなければなりません。日常の記録を手掛かりにどのような手順でまとめ、年度末に「指導に関する記録」を記入する際にどのような視点をもてばよいか、また、事例を通して指導の記録の内容が日常の保育にどのように生かされるかについて考え方を述べたものです。

〈事例：エピソードからＳ児の発達の特徴をとらえる〉

Ｍ教師は、保育の中で心に残ったエピソードを記録に残している。記録には、できるだけ教師が受け止めたことや願い、指導の反省などを記入するように心掛けている。取りためた記録を一学期ごとに個人別に整理してまとめて、次の時期の指導を考える資料にしている。一年の終わりには、それらのまとめから一年間を振り返って、その幼児の発達する姿を読み取り「指導に関する記録」に記入する内容としている。

―Ｓ児（２年保育４歳児）の記録・エピソードのまとめ―

各学期の記録から、Ｓ児の発達を読み取る

１学期

○　積み木遊びや絵本を見るなど、静かな遊びが多い。戸外での遊びに誘い入れてもいつの間にか保育室へ。保育室がＳ児の安定できる場所なのか。考えたり工夫したりすることが好きなのか。

○　遊びの中での会話が少ない。話しかけても言葉が返ってこない。しかし、気の合った友達とだけは例外。楽しそうに言葉を交わしている。

○　Ｓ児の遊びを広げようと働きかけることがマイナスになったかもしれない。教師が多少うるさい存在と受け止められたようだ。気の合った友達と二人の世界を楽しめるように見守ることが必要ではないか。

２学期

○　気の合った友達を仲立ちにして友達が増えてくる。友達と一緒に走りまわったり、戸外で運動したりするなど遊びが広がったが、その友達が欠席するとたちまち元気がなくなる。

○　友達と言葉を交わす楽しさを味わっている姿が見られるようになった。Ｓ児が遊びの中で「でけた」と言ったことがきっかけのようだ。「できた」「でけた」と繰り返して笑い合っていた。

３学期

○　遊び仲間が増える。Ｓ児の発想や作るものが魅力らしい。遊びも基地ごっこやサッカーごっこなど、体を動かして楽しむことに広がってきた。

○　口げんかが多くなる。理屈にならない理屈もあるが、とにかくいろいろ自己主張をしている。１学期の無口なＳ児とは見違える姿。

○　２月中旬ぐらいから今日はこれをすると自分で目的を持って張り切って登園してくる姿が続く。友達と待ち合わせたり、ふざけ合ったり、一つの遊びを長時間楽しんだり、幼稚園の一日を思い切り楽しんでいる様子がある。

↓

「指導に関する記録」に記入したい内容

①「発達を捉える視点」から幼児の姿を振り返り、年度当初と比べて大きく変容したことは何か。

○自分の思いを言葉で伝えたり、会話を楽しんだりするようになった。

○表情が明るくなり、目的をもって登園するようになった。

○遊びが広がり、体を動かして遊ぶことが多くなった。

② S児のよさは何か、伸びてほしいことは何か。

○いろいろな素材を工夫して遊びに使うものを作るなど、長時間集中して取り組んでいる。

③ 指導に対する反省と今後の指導をどうすればよいか。

この事例では、M教師は、次のような順序で、日常の保育の記録を指導要録の記入に役立てている。

○月や学期ごとに記録をまとめる

ア　日常の記録を日付を追って、順に並べてみる。

イ　いつ頃、どのような生活する姿がみられたか。変容や特徴をとらえ直してみる。

ウ　変容や特徴の背景にある教師の指導や周囲の状況を振り返ってみる。

○一年の終わりに学期ごとのまとめを総括して、発達する姿をとらえる

ア　①の視点から

・学年の指導の重点に向かって、どのように育っているかを見る。（指導上参考となる事項）

・ねらい（発達を捉える視点）から見て、著しく変容している点をとらえる。

イ　②の視点から幼児の姿を捉え、その幼児の何が伸びて欲しいと願うのか、どのようにすれば伸びるのかを考察する。（指導上参考となる事項）

ウ　③の視点からまとめを見直し、その幼児に対して、どのような指導を行ってきたかを振り返ってみる。一番重視してきたことを捉える。（個人の指導の重点）

〈Ｓ児の「指導に関する記録」の抜粋〉

			平成　　年度	平成　　年度	平成　　年度
ふりがな		指導の重点等	（学年の重点）	（学年の重点）	（学年の重点） 友達と一緒に遊ぶ楽しさを味わい、身近な環境に自分から働きかけようとする。
氏名	平成　　年　　月　　日生		（個人の重点）	（個人の重点）	（個人の重点） 興味を持った遊びに取り組む中で友達関係を広げる。
性別					
ねらい （発達を捉える視点）					
健康	明るく伸び伸びと行動し、充実感を味わう。	指導上参考となる事項			○年度当初は積み木遊びや絵本など一人で遊ぶことが多かったが、友達が増えるにつれて遊びが広がり，戸外で友達と一緒に運動して遊ぶことが多くなってきた。 ○１学期の間は口数が少なく教師との会話もうまくかわされなかった。友達との遊びが広がるにつれて、自分の思いを言葉で伝えようとするようになった。自分から話しかけてきたことを大切にして、十分に聞くように心がけてきた。 ○積み木や空箱などを使って工夫して構成することが好きで、長時間、集中して取り組んでいる。友達と一緒にこのような活動を楽しむ機会をもてるようにすることで、工夫する力やねばり強さが伸びていくと思われる。 ○教師の指示や誘いかけが、本人のやりたいことを妨げてしまうことがあった。本人のペースに合わせていくことが必要である。
健康	自分の体を十分に動かし、進んで運動しようとする。				
健康	健康、安全な生活に必要な習慣や態度を身に付ける。				
人間関係	幼稚園生活を楽しみ、自分の力で行動することの充実感を味わう。				
人間関係	身近な人と親しみ、かかわりを深め、愛情や信頼感をもつ。				
人間関係	社会生活における望ましい習慣や態度を身に付ける。				
環境	身近な環境に親しみ、自然と触れ合う中で様々な事象に興味や関心をもつ。				
環境	身近な環境に自分からかかわり、発見を楽しんだり、考えたりし、それを生活に取り入れようとする。				
環境	身近な事象を見たり、考えたり、扱ったりする中で、物の性質や数量、文字などに対する感覚を豊かにする。				
言葉	自分の気持ちを言葉で表現する楽しさを味わう。				
言葉	人の言葉や話などをよく聞き、自分の経験したことや考えたことを話し、伝え合う喜びを味わう。				
言葉	日常生活に必要な言葉が分かるようになるとともに、絵本や物語などに親しみ、先生や友達と心を通わせる。				
表現	いろいろなものの美しさなどに対する豊かな感性をもつ。				
表現	感じたことや考えたことを自分なりに表現して楽しむ。				
表現	生活の中でイメージを豊かにし、様々な表現を楽しむ。				

出欠状況	年度	年度	年度	年度	備考			
教育日数								
出席日数								

学年の重点：年度当初に、教育課程に基づき長期の見通しとして設定したものを記入
個人の重点：一年間を振り返って、当該幼児の指導について特に重視してきた点を記入
指導上参考となる事項：⑴次の事項について記入すること。
①１年間の指導の過程と幼児の発達の姿について以下の事項を踏まえ記入すること。
・幼稚園教育要領第２章「ねらい及び内容」に示された各領域のねらいを視点として，当該幼児の発達の実情から向上が著しいと思われるもの。その際、他の幼児との比較や一定の基準に対する達成度についての評定によって捉えるものではないことに留意すること。
・幼稚園生活を通して全体的、総合的に捉えた幼児の発達の姿。
②次の年度の指導に必要と考えられる配慮事項等について記入すること。
⑵幼児の健康の状況等指導上特に留意する必要がある場合等について記入すること。

（4）小学校との連携

幼稚園修了時には、一年間の指導の過程や発達の姿を要約してまとめた指導要録の抄本又は写しを小学校長に送付します。その際、幼稚園の指導要録を小学校での指導に役立たせるためにも、記載する内容や表現の仕方等に配慮することが必要です。幼稚園と小学校では、生活や学習の仕方、指導が異なり、また評価の仕方についても大きく異なります。指導要録を受け取る小学校の教師の理解を十分に得るためにも、幼稚園においては、幼児期の教育の特質と基本を十分に踏まえ、幼児理解の上に立った適切な評価を行った上で、その内容をまとめた指導要録を作成することが大切です。さらに、その送付等を通して、小学校の教師に、一人一人の幼児が幼稚園でどのような指導を受けて発達してきたのかを伝えるとともに、小学校教育と異なる幼児期の教育の理解を促す必要があるのです。

（参照　第１章１（４）小学校の評価の考え方について）

①よさを伝える

小学校の教師が、幼児一人一人のよさや可能性を受け止め、小学校でもよりよい指導を生み出すためには、その幼児の特徴的な姿や伸びつつあるもの、また幼児なりに成長した姿がどのような環境や教師等のかかわりによって現れたのかを具体的に記述することが大切です。

ここでは、ある５歳児の事例を通して、具体的に考えてみます。

〈事例：小学校へＡ児のよさを伝えるために〉

５歳児進級当初、Ａ児は友達が遊んでいる様子を見ていることが多く、時々気の合う友達と一緒に行動することはあっても、自分から言葉を発する場面は少なかった。また、身支度や活動の準備などの行動もみんなから遅れがちだったため、見守りつつも、必要に応じて個々に声をかけるなどして少し積極的にかかわり、Ａ児を支えつつ自ら行動できるようにすることを心がけてきた。

６月頃、Ａ児があこがれているリーダー的存在のＢ児に、造形作品を認められたことが自信をもつきっかけとなり、Ｂ児の傍にいたり行動をまねしたりして、活発に行動する姿が少しずつ見られるようになった。２学期には、Ｂ児たちが行っている集団遊びや運動的な遊びにも自分から入って、一緒に遊ぶ姿が見られるようになり、少しずつ自分から話しかける姿が見られるようになった。

３学期に入っても、まだ言葉で自分の思いを表現したり、やり取りしたりすることには、緊張を伴ってしまうことが多いが、友達の姿や教師の話を注意深く見聞きし、行動する力は育ってきている。まわりの幼児が、Ａ児の頑張りや表現力に、目を向けられるような機会を多くもつことを心がけてきた。

このようなＡ児の姿や指導の振り返りから、担任は、指導要録の作成を考えました。

「指導の重点等」の「学年の重点」は、Ａ児の在園する幼稚園の教育課程や５歳児の年間指導計画などの中で、どの幼児に対しても指導の重点として目指すものです。「個人の重点」は、１年を振り返りＡ児に対し重視して指導してきた内容です。

「指導上参考となる事項」は、Ａ児についての一年間の保育記録から、「ねらい（発達を捉える視点）」と「指導の重点等」に照らし、記入しています。その際、Ａ児が、小学校に入学した当初、新しい環境や集団生活の中で自分らしさが出せるようになるまで時間がかかることを予想し、次の三つの内容を記述しています。

一つ目は、「Ａ児は友達が遊んでいる様子を見ていることが多く」とあるように、担任は学年当初Ａ児が友達と距離をおいていることが気になっていましたが、試行錯誤しながら物としっかり向き合い造形を楽しんでいるＡ児の姿を受け止め、このことがＡ児のよさであるととらえ、初めに記述をしています。また「Ｂ児の傍にいたり行動をまねしたりして活発に行動する姿がしだいに見られるようになった」ことから、Ａ児が楽しそうに友達とかかわる場面を具体的に記述し、友達とのかかわりは現在変化しつつあることを伝えています。

二つ目は、Ａ児の個人の重点に関連することで、Ａ児が「自信をもつ」ことにより一歩前に進めることの具体事例で、今後もこのような機会をつくっていくことの必要性を含んで記述しています。

三つ目は、１学期「身支度や活動の準備などの行動もみんなから遅れがちであった」Ａ児が、友達関係ができはじめると、友達の動きに合わせ行動する姿が見られるようになります。このことは、５歳児の集団生活では当然の姿ですが、Ａ児にとっては、著しく成長した部分です。そこで、指導要録に「友達と同じペースで行動できるようになってきた」と、Ａ児の成長した姿として記述し、その際の教師の援助の仕方も付け加えています。

〈Ａ児の「指導に関する記録」の抜粋〉

ふりがな		指導の重点等	平成　　年度
氏名			（学年の重点） 友達と思いを伝え合いながら、一緒に遊びを進めていく楽しさを感じられるようになる。
生年月日	平成　　年　　月　　日生		
性別			（個人の重点） 友達に自分の思いを伝えながら遊びを進める。
ねらい （発達を捉える視点）			
健康	明るく伸び伸びと行動し、充実感を味わう。	指導上参考となる事項	○造形活動を好み、自ら工夫し、じっくり取り組んでいた。５歳児になり、教師が、友達とかかわる場面を意図的につくることで、友達関係が広がり、ドッジボールなど集団で身体を動かす活動にも積極的に取り組み、心地よさを味わうようになった。 ○自分の思いを相手に伝える場面が少なかったが、造形作品を友達に認められる機会をもったことがきっかけとなって、少しずつ自信をもつようになり、緊張しながらも相手に自分の思いを言葉や態度で伝えるようになってきた。こうした個別のかかわりは今後も必要である。 ○３学期には、学級全体の活動において最前列に並んで話しを聞くなど、意欲的な姿が見られるようになった。生活面でも大いに励まし認めることで、友達と同じペースで行動できるようになってきた。
	自分の体を十分に動かし、進んで運動しようとする。		
	健康、安全な生活に必要な習慣や態度を身に付ける。		
人間関係	幼稚園生活を楽しみ、自分の力で行動することの充実感を味わう。		
	身近な人と親しみ、かかわりを深め、愛情や信頼感をもつ。		
	社会生活における望ましい習慣や態度を身に付ける。		
環境	身近な環境に親しみ、自然と触れ合う中で様々な事象に興味や関心をもつ。		
	身近な環境に自分からかかわり、発見を楽しんだり、考えたりし、それを生活に取り入れようとする。		
	身近な事象を見たり、考えたり、扱ったりする中で、物の性質や数量、文字などに対する感覚を豊かにする。		
言葉	自分の気持ちを言葉で表現する楽しさを味わう。		
	人の言葉や話などをよく聞き、自分の経験したことや考えたことを話し、伝え合う喜びを味わう。		
	日常生活に必要な言葉がわかるようになるとともに、絵本や物語などに親しみ、先生や友達と心を通わせる。		
表現	いろいろなものの美しさなどに対する豊かな感性をもつ。		
	感じたことや考えたことを自分なりに表現して楽しむ。		
	生活の中でイメージを豊かにし、様々な表現を楽しむ。		

出欠状況		年度	年度	年度	年度	備考	
	教育日数						
	出席日数						

②指導をつなぐ

指導要録の抄本又は写しの送付により、幼稚園から小学校に指導をつなぐということは、幼児の発達や指導の記録とともに教師の当該幼児に対する思いや小学校の指導に対する期待を、指導の記録というバトンに託してリレーしていくということではないでしょうか。そこには、幼稚園において幼児一人一人の発達に応じて教師との信頼関係の下で進められてきた指導を、小学校の生活や学習においても継続し、発達の連続性を確保していくという意味が込められています。

したがって、指導要録を作成する際、幼稚園教育と小学校教育では指導や評価の考え方に相違があることを踏まえ、記入する内容は、エピソードの羅列や教師の感想にとどまらないようにすることが必要です。また、小学校の生活や学習場面を想定し、その幼児が小学校でも実りの多い生活や学習活動が展開できるように、具体的な手立てを記入する必要があります。

その際、記述する表現の例として「～を契機に成長した」といった変容のきっかけとなった出来事や、「一見マイペースに見えるが、～等については着実に成長の過程にある」、「～等については指導の過程にあり、今後も引き続き指導が必要である」と具体的な事実を記述し、指導要録を受け取る小学校の教師が、その幼児の発達の姿や指導の進み具合を類推できるように工夫することも必要です。

なお、指導要録は、園長が責任をもって作成するものです。したがって、指導要録に記述する内容は、単に担任個人の保育記録の延長ではなく、あくまでも幼稚園としての共通認識に基づいたものとなることが必要です。このため、指導要録作成に当たっては、記述する内容や記述の仕方、配慮点等について、園内研修を行い教師間で共通理解を図ることが必要です。

③小学校との交流を深める

小学校に送る指導要録の抄本の作成に当たっては、幼稚園の教師は、小学校の生活や学習の進め方や評価の考え方について理解することが必要です。特に、入学時の児童の生活や授業の様子等について、小学校の教師から直接話を聞いたりビデオを見たりして、児童がどのような場面で戸惑ったりするのかを理解しておきたいものです。そのことにより、当該幼児にかかる指導の継続性を図っていくためには、指導要録で何を伝えていくことが必要なのかがわかり、焦点化ができるのではないでしょうか。

また、指導要録の抄本又は写しを小学校へ送付に当たっては、この指導要録に示されている「ねらい（発達を捉える視点）」や「指導の重点等」「指導上参考となる事項」の内容について説明をする機会を設けることにより、指導要録が幼稚園から小学校へつなぐ資料として、より有効に活用されるのではないでしょうか。さらに、小学校の教師に小学校入学前に行われている幼稚園教育を参観してもらい、話し合いの機会をもつこともよいでしょう。

指導要録の抄本又は写しの送付は、当該幼児にかかわる発達と指導について、「幼稚園教育から小学校教育へつなぐ」という大きな役割があります。ただし、このことは指導要録の抄本又は写しの送付だけで実現できるわけではありません。日頃から互いの教育の現状や課題について話し合うなど、情報交換の機会をもつことが必要です。幼児と児童の交流から、保育や授業を参観し合い、さらに合同研修を実施したりするなど、幼稚園と小学校の教師間の研修の交流が活発に行われることが必要なのです。

第３章

幼児理解と評価の実際（実践事例）

幼稚園において幼児期にふさわしい教育を生み出していくために、幼児理解と評価が重要な意味をもつものであり、その基本的な考え方や配慮すべき事項については、第１章及び第２章において述べてきたとおりです。この章では、このような考え方を踏まえて各幼稚園が実践をすすめるための手掛かりとなるように、いくつかの具体的な事例を紹介しています。

これらは、あくまでも一つの実践事例であることを考慮して各幼稚園の実情に即した幼児理解や評価の在り方を読み取ってください。

事例１　保育を見直し、次の日の保育をつくり出す

Ａ教師は、４歳児28名の担任です。学級の一人一人がそれぞれの持ち味を発揮しながら、楽しんで園生活を過ごしていけるように願っています。そして、日々の記録の中に個々の幼児の姿を具体的に記し、そこから一人一人の思いや願いをとらえ、それが実現するように次の日の保育の展開や援助について具体的に考えるようにしています。

Ａ教師はその日の保育が終わった後で、日案にその日どこで誰が誰とどのようなことをしていたかを記録し、そこで何が育ちつつあるのかを考察して記録に書き加えることにより、次の日の保育をつくり出す手掛かりにしています。明日の準備で、なかなか記録が書けないこともありますが、心に残った何気ない行動やしぐさなどを少しでも残しておくことが大切です。その記録の積み重ねから、発達が見えてきます。

Ａ教師の記録

10月30日

○今までと違った姿（Ｋ児、Ｓ児、Ｙ児）

・これまで、ごっこ遊びをすることがあまり見られなかったＫ児が、友達とかかわりながら消防ごっこを楽しんでいた。この頃、Ｎ児と一緒にいることが多くなり、遊びが変わってきたように思う。私は「Ｋ君も消防士なんだ。かっこいいね」と言葉に出して認めた。

・Ｓ児は戸外に出て遊ぶことが少なかったが、運動会の頃から教師や友達と一緒に伸び伸びと体を動かし楽しんでいた。もっと外で体を動かして遊んでほしいと思い、私はＳ児を追いかけたり追いかけられたりして、一緒にしっぽとりを楽しんだ。

・Ｙ児は、安定して、生き生きとした表情をしている。「これチョコ」と友達に話し、かかわりがもてるようになった。私は、どんぐりを拾ってきて手渡し、少しの間だったが隣に座って、子どもたちのつくるものを見ていた。

○昨日と同じ場所で、同じものを使って遊びたい（Ａ児、Ｃ児、Ｎ児、Ｙ児）

・昨日と同じ場所に木の実などの自然物を準備する。今日も机を囲んで数人が集まって遊んでいた。Ａ児はつくったものを「ケーキ」と言っていた。Ｃ児

はドングリや枝を使って顔のようなものをつくっていた。N児はナンテンの実だけを使ってつくることにこだわり実がなくなると自分で取りに行っていた。

○新しい遊びが面白い（M児、B児）

・B児が中型積み木を使って場所をつくる。M児がやってきて、一緒に場所をつくり始めた。M児は積み木の上を恐竜のように歩き始め「恐竜博物館にきて」と教師に言って、ガオーと鳴きまねを始めた。B児も一緒になってまねをしたのが楽しかったのか、しばらく遊びが続いた。

○なりたいものになって遊ぶ楽しさを味わっている（H児、D児、R児、F児）

・先日絵本を見たことから、教師がかぶに見立てたものを用意したところ、R児がさっそくかぶをひっぱりはじめた。それをきっかけに、犬や娘、ライオンなどになった子が加わり『大きなかぶ』ごっこを楽しんでいる。今日は、H児がネコのお面を被り、鳴きまねをしていた。

○しっぽとり（全員参加）

・『大きなかぶ』の話を楽しんでいる姿からネコとネズミのしっぽのイメージで、30㎝に切った布を用意したところ、子どもはよく動いていた。具体的で扱いやすいものがあることで分かりやすく、意欲が増したようだ。

・追ったり追われたりすることを楽しんでいた。エリアの外に逃げる幼児もいたが、友達の様子を見たり、気持ちを落ち着かせたりしていた。

・友達がやっている様子を見ているだけでなく、大きな声で「がんばれ」と応援する姿が見られた。

A教師はこれらの記録から、そこでそれぞれの幼児に今育ちつつあることは何かを考えるために、今、誰がどのようなことに関心をもち、何を楽しんでいるのかをとらえ、活動の意味を理解するようにしました。（参照　第１章２（２）活動の意味を理解する）

そして次のように書き加えてみました。

○一人ずつ違う子どもの思いに気付いた
- Ｋ児：消防士になったつもりで遊ぶことが楽しい。
- Ｓ児：先生や友達と体を動かして遊びたい。
- Ｙ児：つくることが楽しい。
- Ａ児：きれいな木の実を使いたい。
- Ｒ児：『大きなかぶ』の話の展開が楽しい。
- Ｈ児：役になりきって表現することが楽しい。

○『大きなかぶ』ごっこの何に楽しさを見いだしているか
- イヌやネコ、ネズミ、娘などの役のイメージを毎日交代して楽しんでいる。
- ストーリーに沿って遊びを展開しながら、友達とかかわり自分を出して遊ぶ楽しさを感じている。

○自然物を使った製作遊びの何に楽しさを見いだしているか
- Ａ児、Ｃ児：素材を組み合わせながら、できたものを見立てることが楽しい。
- Ｎ児：魅力的な素材を使いたい。

○恐竜ごっこの何に楽しさを見いだしているか
- Ｍ児：体全体で恐竜になりきったり、アイディアを出したりするのが楽しい。遊びに必要なものを作ったり、教師や友達とのやりとりに面白さを感じたりしている。

○全員が参加するしっぽとりの何に楽しさを見いだしているか
- 体を思いきり動かすことが楽しい。
- 簡単なルールがわかって、ルールにそって遊ぶことが面白い。
- 気の合う友達を応援したい。

Ａ教師はこうしてそれぞれの幼児の関心や楽しんでいたことをとらえ、それを記録に書き入れてみると、それぞれの幼児の思いは違っているが、大枠でとらえてみると学級全体の幼児が、「自分のイメージを表現して遊ぶ楽しさや、友達とかかわる楽しさを感じている」ことに気付きました。そこで、その姿に教師自身の願いを重ね合わせて、次の日の保育を見通してみました。

○幼児の姿から

・『大きなかぶ』ごっこや恐竜ごっこ、自然物を使った製作遊びでは気の合う友達とかかわりながら、遊びを進めている。

・自分なりのイメージを体の動きや製作、言葉などで表現している。

・しっぽとり（全員）では、友達を意識しながら一緒に体を動かして遊ぶ楽しさを感じている。

○願っていること（A教師の）

◎それぞれの幼児への願い

・ひとりひとりの“イメージ”や“思い”を大切にしたい。

・友達と一緒に遊ぶ楽しさを感じてほしい。

・友達とかかわる中でそれぞれのイメージや発想を広げていきたい。

◎全体への願い

・簡単なルールのある遊びの中で、体を動かす心地よさを味わってほしい。

○具体的なねらい

・遊びを進める中で自分のイメージをものや身体、言葉を使って表現しようとする。

・友達とかかわりながら遊びを進めていこうとする。

・戸外で友達と一緒に体を動かして遊ぶことを楽しむ。

○環境の構成

・友達とかかわることが少しずつ楽しくなってきているので、場所づくりに必要なパネルなどを用意したり、コーナーをつくったりしておく。

・なりたいものや身に付けるものなどを工夫できるように材料を用意したり方法を伝えたりして援助する。

・イメージが実現できるような材料（お面ベルトや空き箱、自然物等）を、目につく場所にできるだけ多く出しておく。

・教師も参加し、楽しい雰囲気をつくったり、必要に応じてルールを知らせたりしていく。

【事例１から読み取れること】

これは、担任の教師がその日の保育を振り返って、幼児の生活する姿をとらえてまとめ、それを次の日にどのように生かすかを考えながら、次の日の保育をつくり出していく過程に触れた事例です。

その日の保育を振り返る中で幼児理解と評価がどのように行われたかを次のような観点から読み取ることができるでしょう。

《幼児の姿や教師の援助など気付いたことを記録する》

保育を振り返って活動の意味をとらえながら、幼児の姿や教師の援助、そこで分かったことや気付いたことを記録しておくことが明日の保育を見通す基盤になります。この事例のように自分なりに整理し、工夫して書き残しておくことが大切です。

《活動の意味をとらえる》

保育を振り返る場合には、まずその記録を基に、幼児にとっての活動の意味をとらえることが大事になります。この事例でも、その活動を通して幼児が実現したいことは何であったかをとらえようとしています。それをとらえた上で、幼児の気持ちに沿った援助や適切な環境、また教師のかかわりなどを考えようとしています。

《明日の保育を見通す》

Ａ教師は、遊びの中でそれぞれの幼児が何に関心をもち、どのように楽しんでいるかなどの面から、幼児が今どのような方向に育ちつつあるのかをとらえ、それが次の日の保育の中で十分に経験できるように見通しを立てています。

特に、今、友達とかかわりながら自分を発揮して楽しく遊びを進めていくことや、自分の思いを身体や製作物を通して表すこと、簡単なルールの中で体を動かす楽しさを味わうことを大事にしようとしています。その上でそれが実現しやすい環境の構成についてのポイントを押さえています。

次の保育を予想するときに、この事例のように幼児の生活する姿を記録して、そこで今育ちつつあるものをとらえてねらいや内容を再確認することや、今の環境をどう変えるかを考えること、更には保育の流れを予想してどの場面でどのようにかかわるかを考えることなどが必要になってきます。

事例２　記録や話し合いを生かす

Ｂ教師は、４歳児28名（新入園児17名、進級児11名）の担任です。Ｂ教師は、３歳児のときから受けもっている幼児だけでなく、新入園児が加わって幼児の在籍数が急に増えたこともあり、少し不安を抱きながら保育を始めました。

以下は、Ｂ教師が保育の中で気になっている進級児Ｉ児に対する見方を記録や他の教師との話し合いを通して変えていった事例です。

（参照　第２章１（５）教師が共に学び合う）

《４月の記録から》

４月９日	１学期始業式の日、Ｉ児は強ばった表情で母親と登園した。担任が持ち上がりだったこともあり、少し落ち着いた様子になった。母親と離れると自分の靴箱やロッカーを探して所持品の始末を済ませた。キョロキョロと周囲を眺めていたところ、気の合う友達の一人であるＲ児を見つけ「同じクラスだな」と声をかけ表情が緩んだ。その後二人でヒーローのお面を作り、身に付けると園庭に出かけて行った。
４月28日	電車を使った遊びがしばらく続いている。Ｊ児とＬ児は３歳児からの付き合いなので安心してかかわれるのだろう。昨日よりも線路が広く組み合わされていた。互いに電車を走らせながら友達のそばにいる安心感を味わっているようだ。

《５月の記録から》

５月19日	Ｉ児とＲ児とＳ児の三人は保育室から離れたテラスでヒーローごっこをして、毎日戦うことばかりしている。それぞれが気に入ったヒーローになっているものの、体が触れ合うために危ない場面もあり、遊びの内容が停滞しているように感じられる。Ｙ児は遊びが見つからず、Ｉ児たちを見つけるとヒーローになったつもりで一緒に遊び始めてしまった。

５月20日	隣の学級担任がＫ児たちのためにテラスに段ボールでヒーローたちの場所をつくった。Ｓ児が段ボールにパスで怪獣の絵を描くと、Ｉ児も同じように怪獣の絵を描き始めた。

《記録を基にした話し合い》

こうした状態が続いたため、Ｂ教師はＩ児たちにどのようにかかわればよいのか行き詰まりを感じ、これまでの記録を基にして園内研修で他の教師にアドバイスを求めることにしました。そこでは、他の教師から次のような意見が出されました。

・ヒーローごっこに対して否定的な見方をしてはいないだろうか。

・Ｉ児たちはヒーローになりきってよく遊んでいる。また途中で入ってきたＹ児は遊びが見つからなかったが、ヒーローごっこに入ったことによって生き生きとした表情が見られた。表面的な見方でなくもっと中身を探り、一人一人がそこで実現したがっていることが何なのかを知る必要があるのではないか。

・保育室から離れたところに場所をつくる行為は、新入園児と距離を置きながら様子をうかがったり、気に入った友達と一緒に過ごす安心感を味わったりする意味が含まれているのではないか。

・体を動かしたい強い欲求があるのではないか。遊びの中で体の動きを引き出せるように工夫してはどうか。

こうした話し合いを通してＢ教師は、自分の目が「何をして遊んでいるか」「危険なのではないか」ということばかりに向いていることに気付きはじめました。改めて、これらの視点からＩ児たちの遊びを見直し、記録をしていこうとする気持ちをもつようになりました。

また、話し合いの中で他の教師から出される「そのとき、先生はどうしたのか」「その子の表情は」などの質問に、Ｂ教師は、はっきりと答えられないことがあり、記録には細かい状況やそのときの幼児との具体的なやりとりを書く必要があることを感じました。

このように、記録を生かして幼児理解を深めるために、Ｂ教師の幼稚園では、記録を教師個人のものにしないで、月や学期ごとに報告し合い、疑問点や不明な点を全教員で話し合うことを続けています。

《６月の記録から》

６月１日	数日前から出した色水コーナーは今日もにぎわっていた。そこにＩ児も入り真剣な表情で色水に取り組んでいた。セイジの花や葉から色が出てくる面白さを味わっているようだ。また個々で取り組みながらも、同じテーブルに10名近く友達がいることで、つながりを感じているようだ。何よりもＩ児が新しい友達がいる場所で遊んだことをうれしく思う。途中「色が出ない」という言葉が聞かれた。水の分量に気づくチャンスなので、水の量を調整できるような容器を用意したり、教師が見本を示したりしていきたい。
６月５日	新聞紙を丸めたものをボールに見立て、野球ごっこが始まった。Ｒ児は「投げる人がいて、打つ人がいるよ」と具体的なイメージをもっていて、Ｒ児がピッチャー、Ｉ児がバッターだという。時々役割を交代しながら遊びを続けていた。 そこに新入園児Ｍ児が「入れて」とやってきた。Ｉ児は「Ｒ児と遊びたいの」と言って入れようとしなかった。教師はすぐそばに別の場所をつくりＭ児が遊べるようにした。Ｉ児はＭ児の様子を見ながらも、自分たちの遊びを続けた。 ごっこ遊びでは気に入った友達と遊ぶ安心感に共感しつつ、少しずつ新しい友達への関心が出てくるように、友達の様子を知らせていきたい。

他の教師との話し合いや自分の記録を振り返りながら、Ｂ教師の記録は徐々に具体的になり、幼児の思いや表情などに触れたり、次の日のかかわり方を意識したりしたものになっていきました。この記録を基に次のようなことを一学期の様子としてまとめています。

《一学期の記録のまとめ》

・進級児Ｉ児にとって、４月当初は新しい保育室になったことや新入園児が来ることによって、緊張が強かった。３歳児のときからの友達であるＲ児がいたことで安定して過ごしていた。

・電車を使った遊びやヒーローごっこは昨年度に繰り返し楽しんだ遊びであり、安心して取り組める遊びであった。また保育室から離れた場所で遊ぶことは、新しいことへの距離を置きつつ心の安定を図ろうとする気持ちの表れであった。

・６月に入り、遊びに興味がもてれば一人でもじっくりと遊ぶ姿が見られた。丁寧にものを扱ったり、気付いたことを教師に知らせて喜んだりすることがあった。気付いたことに共感していくとともに、他児にも伝えていきたい。

・Ｉ児は気の合う友達と遊ぶことで安心して過ごしているが、新入園児と一緒に遊ぶことにはまだ抵抗があるようだ。視線を送る姿は見られるので、興味をもった友達へのかかわりを促すことから、徐々に友達関係を広げていきたい。

【事例２から読み取れること】

この事例には、気になる幼児への援助について行き詰まりを感じていた教師が、記録や他の教師との話し合いを通して、幼児に対する理解を深めていく過程が述べられています。

《記録を重ね、発達をとらえる》

気になる幼児については、気になる部分にばかり目が向いてしまうことが多いのではないでしょうか。そのためについ他の幼児と比較したり、その幼児の伸びる面を見落としたり、過度に問題視したりしてしまうことがあります。このようなときに、教師自身の思いや受け止めたものが記録に残されていると、自分の見方に気付いて、それを広げたり深めたりするために役立ちます。

事例のように、はじめから幼児の姿を的確にとらえて記録できるわけではありません。自分なりに工夫し、記録を積み重ねていく姿勢が大切です。その積み重ねが幼児理解や評価をより適切なものにしていくことになります。

《他の教師との話し合いから、多面的にとらえる》

自分一人ではなかなか見えてこなかった気になる幼児の姿も、周りの教師のいろいろな意見を聞くことにより、幼児の姿を多面的にとらえることができます。

自分の保育の質を高めていくには、他の教師の意見を素直に受け止めて、自分の見方や保育を柔軟に変えていこうとする姿勢をもち続けることが大切ではないでしょうか。

事例３　保育の記録から指導要録へ

Ｃ教師は５歳児30名の担任です。事例の幼稚園では、いわゆる預かり保育を実施しています。

Ｃ教師は、保育の記録から幼児との生活を振り返り、幼児への理解を深めたり、反省・評価をしたりしました。そして、次の指導に生かしていくために、幼児の姿を思い浮かべています。登園して身支度や所持品の始末をする姿、興味をもったもので遊ぶ姿、友達とかかわって遊ぶ姿、学級全体の活動の中でみんなと一緒に集団遊びに参加する姿など、幼児が園で生活する様々な姿を「興味・関心」「遊びの傾向」「自然へのかかわり」「生活への取り組み方」「人とのかかわり」などの側面からとらえて、日々の保育や個人の記録を残していきました。そして、その記録を基に一人一人の幼児に対する理解を深め、指導の手立てを探っていきました。

この事例は、幼稚園では預かり保育を利用しているＢ児について、Ｃ教師が日常の保育の記録を基に指導要録の記入内容を考えていく過程を取り上げたものです。

（参照　第２章３（３）日常の保育と指導要録への記入）

《Ｃ教師が記録に当たって心掛けたこと》

日々の保育の記録を残していくときに、幼児が興味をもっていたことや楽しんでいたことなど、幼児との生活の中で気付いたことを書き留めていくようにしています。具体的には、「うれしいと感じていたことは？」「楽しんでいたことは？」「いとおしいと思ったことは？」などです。ときには、幼児の思いと教師の援助にズレが生まれることもあります。幼児の思いより指導のねらいに沿った教師の願いが強く表れ、「どうも私の思う姿とは違う」「なぜ、そのような行動になるのかしら」と幼児の行動を否定的に見てしまいがちなこともありました。

幼児の思いと援助にズレがあると教師が感じるときには、幼児の生活する姿をありのままに記録に残していくように努めました。幼児の姿を記しながら、読み返したときにこれまでと違った育ちが見えてきたり、幼児の思いに気付いたりしていくこともありました。さらに、そのときの幼児の姿から理解したことや教師の願い、発達の状況や今後の指導の糸口も書き留めていくようにし、保育を振り返って自分の指導の手立てを考える機会としました。

《月や学期ごとに記録をまとめる　－５歳児Ｂ児の記録からの抜粋－》

Ｃ教師は、次のような順序で、日常の保育の記録を指導要録の記入に役立てている。

ア　日常の記録を日付を追って、順に並べてみる。

イ　いつ頃、どのような生活する姿が見られたか。変容や特徴をとらえ直してみる。

ウ　変容や特徴の背景にある教師の指導や周囲の状況を振り返ってみる。

（参照　第２章３（３）③日常の記録と「指導に関する記録」記入の実際）

{⬚：日常の記録から、Ｂ児の変容や特徴をとらえ直してみる。

	Ｂ児の姿	Ｃ教師のとらえ
４月	Ｂ児と同じように大型積み木に興味をもっていたＣ児、Ｄ児と一緒に、大型積み木で「飛行機を作ろう」と言って、場をつくって遊んでいる。形にはなっていないが、それぞれがせっせと積み木を運んでいる。	年長児になって使えるようになった大型積み木に興味をもち、友達と一緒に遊びたいという思いがある。 “飛行機”というイメージはもっていても“どのような”という具体的なイメージはまだ豊かではない。言葉のやりとりもまだ少ない。積み木の構成については安全な組み方について気付かせていくことが必要と思う。 （点線枠）年長組になって、新しい遊具にも興味を示し、運動遊び以外にも興味をもって遊ぶようになる。

5月	C児、E児と一緒に砂遊びをしている。「トンネルがあるといいね」「ここ掘ればいいんじゃない？」「川につなげようよ」など、友達に考えを伝えながら遊んでいる。	C児とは、大型積み木を使って一緒に遊ぶことが多くなっていたため、つながりを感じているのではないか。砂遊びではイメージを膨らませ、自分が思ったことや考えたことなどを言葉で伝えながら遊んでいた。友達と一緒に遊ぶ楽しさを感じて楽しむようになってきている。友達に思いが伝わる嬉しさや友達と一緒に遊ぶ楽しさを感じているので、その思いに共感していきたい。 気の合う友達と一緒に遊ぶ中で、自分の思っていることや考えたことを言葉で伝えながら遊ぶようになる。
7月	預かり保育に関する記述 母親の出産に伴い、夏季休業中も預かり保育を利用した。 プール遊びでは、自分のペースでワニ歩きやフープくぐりなどを楽しんでいた。顔を水につけてフープをくぐれたことが大変嬉しかったようで、喜んで報告してくれた。異年齢グループで遊んだ“キャンプごっこ”では、年少児ができないことを教えたり、手伝ったりしながら一緒に活動し、楽しむ姿が見られた。	ゆったりと水遊びを楽しむ姿が見られ、夏ならではの遊びを存分に経験した。また、異年齢の幼児と一緒に過ごす中で、年長児として年少児に優しく接しようとしたり、リーダーシップを発揮したりする姿が見られた。 年少児に対して、やさしさや思いやりの気持ちをもったかかわりが見られるようになる。

8月	夏休み明け、生活リズムが戻らないのか登園時、園生活の流れに乗れないでいる。遊びだすまでに時間がかかっており、ブランコや鉄棒のところで友達の遊んでいる様子を見ている。	少し夏の疲れが残り、生活リズムが戻っていないと考えられる。遊びだすまでに時間がかかるため、他の幼児は遊びだしている。きっかけをつかんですぐに仲間に入っていきづらいと思われる。生活リズムを取り戻していくために保護者との連携や預かり保育担当の教師との相談が必要だと考える。
9月	運動会を楽しみにして９時に登園してくると、大きな声で教師に挨拶をする。身支度や所持品の始末を手早く済ませ、後から登園する友達を入り口で迎えて「おはよう」と、自分から声をかけている。	保護者にＢ児の園での様子を伝え、協力をお願いしたことが保護者にも理解してもらえたようだ。Ｂ児は、９時に登園し、友達を迎えることに嬉しさを感じて張り切っているのが分かる。Ｂ児に対して認めていくとともに、保護者にもこの姿を伝えていきたい。 登園する時間を意識し、張り切って登園してくるようになる。
10月	ひとりで、友達のしているドッジボールを見ていたところ、「一緒にしようよ」と友達から誘われて、仲間に入る。次第に、自分から進んでボールを取りに行ったり、相手チームの友達を当てたりしながら、嬉しそうな表情で遊ぶようになる。	学級全体で経験したときに楽しさを味わい、この日も興味をもって見ていたため、友達から誘われて嬉しかったと思われる。張り切って自分の力を発揮し、生き生きと楽しんでいた。勝つ嬉しさや喜び、負けたときの悔しさなどをチームの仲間と共感し合うことで、友達との一体感や、友達と一緒に力を合わせて遊ぶ楽しさなどを感じたのではないか。

		自分の力を発揮しながら、友達と一緒に遊ぶことを楽しむようになる。遊びを通して、学級のいろいろな友達とのかかわりを楽しんでいる。
11月	子ども会の劇でワニの役になった。図鑑を見ながら同じ役の友達と「(ワニのお面は）横向きだから難しいんだよ」「こうやって描くといいんじゃない」などと考えを伝え合いながら、時間をかけてお面作りをする。 出来上がると、３人でお面をつけ、劇の中の動き方を考えたりしながらワニの表現を楽しんでいた。	これまでは苦手な描画だったが、友達と一緒だったことで、頑張れたのではないか。時間はかかったが、それだけに作った喜びは大きく嬉しかったようだ。友達からも認められ、嬉しさを感じていた。一緒の役の友達と考えを出し合い、動きを相談し合う姿からも、友達と一緒に表現活動に参加する楽しさを感じている。子ども会に向けて意欲的に取り組んでいこうとしている気持ちを認め、頑張っていることやＢ児のよさを学級全体にも伝えていく。 苦手なことにも粘り強く取り組もうとするようになる。 友達とイメージを出し合いながら、いろいろな表現を楽しむようになる。
1月		

２月	ドッジボールのボールの取り合いで、友達と言い合いになったが、自分たちで調整して解決し、Ｂ児も仲間から抜けずに最後まで遊ぶ。最後まで逃げ切った同じチームの女児に「○○ちゃんは、（ボールに当たらないように）逃げるのがうまいんだよね」と声をかけ、同じチームの仲間と勝った喜びを味わっていた。	友達と一緒に遊ぶ楽しさや友達とのつながりを感じて、葛藤を乗り越えられるようになったのではないか。友達の良さを見つけて、認めている言動を見逃さず、Ｂ児のよさとして認めていきたい。 葛藤体験も乗り越えながら、継続して遊びを楽しむようになる。友達のよさを認める言動が見られるようになる。

《指導要録への記入に当たって》

Ｃ教師は日々の記録を整理し、保育を振り返りながら変化や特徴をとらえ直し、Ｂ児に対する教師自身の指導とＢ児の発達する姿について考えていきました。そして、一年間のまとめを指導要録の指導の記録に記入することによって、Ｂ児が幼稚園生活で身に付けてきたことや、Ｂ児のよさや可能性など発達する姿が具体的に読み取れ、小学校での指導に生かされていく資料となるようにしました。

また、Ｂ児は預かり保育にかかる幼児であることから、Ｃ教師は、一年間のまとめに当たって幼児の発達を適切にとらえるために、預かり保育担当者との週１回打ち合わせや園内研修などの機会を活用して、他の教師や預かり保育担当者とも、Ｂ児が楽しんでいる遊び（その傾向や興味・関心）や、遊び場面での友達とのかかわり、午後の時間の過ごし方などを具体的に情報交換し、話し合いをもつようにしました。

次のＢ児に対する「指導の重点」「発達する姿のとらえ」は、このような他の教師との話し合いの結果生まれてきたものです。

《Ｂ児の「指導の重点等」》

「指導の重点等」の欄には、その年度における指導の方向性を明確にするために、二つの点を記入することとしています。

一つは、教育課程や年間の指導計画などの中で、同学年のどの幼児に対しても指導の重点として目指してきたものを「学年の重点」として記入します。もう一つは、一年間の指導の過程を振り返って、個々の幼児の指導に当たって、実際に何を重視してきたかを記入するもので、「個人の重点」として記入します。

（参照　第２章３（３）②○「指導の重点等」の欄）

学年の重点及びこの一年間の保育を振り返ってみて、Ｃ教師がＢ児に対して指導上大事にしていた点を考えてみたところ次の点が挙げられました。

（学年の重点）

○友達と協同してつくり出していく遊びや生活の中で、自分の力を十分に発揮し、意欲的に生活する。

（個人の重点）

○自分の力を発揮して様々な活動に取り組む中で、楽しさや充実感を味わい、自分に自信をもつ。

《発達する姿をとらえる　―学期ごとのまとめを見直す―》

【１学期】

好んで遊んでいた雲梯や鉄棒などの固定遊具だけでなく、年長になって使えるようになった遊具に興味をもち、それを使って遊ぶ姿も見られるようになった。大型積み木を使い、友達とかかわって遊ぶようになってきたが、まだ言葉のやりとりは少なく、自分の思いや考えをつぶやくように言葉にして言っている。

５月、砂場に「とい」などの遊具を出したところ、砂遊びなども友達と一緒に工夫して楽しむ姿が見られるようになった。気の合う友達と一緒に遊ぶ中で、自分の思いや考えを言葉で伝えながら遊ぶ姿が見られるようになった。

【２学期】

夏休み期間、預かり保育を利用していた。休業日中の登園で、園に来る時間がまちまちだったため、９月に入ってから、生活時間のリズムに乱れが見られ、活動までに時間がかかっていた。保護者に園での姿を伝え、保護者にも９時に登園できるように協力してもらいながら生活のリズムを取り戻していくようにした。

10月に入り、「運動会までもうすぐだから、早く起きるんだ」と自分で言いながら朝起きているという。園生活に意欲的になるにつれて、登園する時刻を目指して身支度を進んでするようになる。

運動会後、リレーやドッジボール、助け鬼などの運動遊びの中で、自分の力を発揮しながら友達と一緒に楽しむようになり、遊びを通して友達関係の広がりも見られた。

しかし、大きな集団の中では、まだ十分に自分の思いを表せないこともあり、途中で遊びから抜ける姿も見られた。友達と共に遊ぶ楽しさを十分に味わえるようにしながら、自分の思いや考えを言葉で表したり、相手の話を聞いたり、自分の気持ちを調整したりしていくことができるように援助してきた。

【３学期】

子ども会の劇のお面作りでは、苦手だった描画に最後まで丁寧に取り組んでいた。また、友達と自分の考えやイメージを言葉で伝え合いながら表現活動を楽しみ、意欲的に取り組む姿が見られた。当日は、大きな声で表現し、自分なりにやり遂げた満足感を味わっていた。 ドッジボールや鬼遊びを学級の友達と継続して楽しむ姿が見られるようになった。友達のよいところを認める言動が見られるようになった。

《一年の終わりに学期ごとのまとめを総括して発達する姿をとらえる》

このようなＢ児の一年間の育ちの中で、「ねらい（発達をとらえる視点）」から幼児の姿を振り返り、年度当初と比較して大きな変容が見られた面を列挙し、皆で検討してみました。また、学年の指導の重点に向かってどのように育っているのかも見ていきました。

（参照　第２章３③○一年の終わりに学期ごとのまとめを総括して、発達する姿をとらえる）

・自分の力を発揮し、様々な活動に意欲的に取り組むようになった。
・苦手なことにも粘り強く取り組もうとするようになった。
・気持ちの葛藤を自分なりに乗り越えようとするようになった。
・友達と思いや考えを伝え合いながら、一緒に遊んだり活動に取り組んだりすることを楽しむようになった。

《「指導上参考となる事項」を記入するに当たって》

Ｃ教師は自分の保育を振り返りながら、指導要録は、一年間の指導の記録として、次年度の指導を考える糸口にしたいと考えています。

その際、まず一年間の保育記録を読み直し、幼稚園教育要領第２章「ねらい及び内容」に示された各領域のねらいを視点として、幼児の発達の実情から向上が著しいものをとらえていきます。そして、当該幼児の年度当初の姿を基にして、どのように変化したかをとらえ、幼稚園生活を通して全体的、総合的に評価し、幼児の全体的な発達の状況が分かるように記入します。

（参照　第２章３（３）②○「指導上参考となる事項」の欄）

Ｃ教師は、一年間のＢ児の発達する姿を前述のようにとらえ、Ｂ児がどのような幼稚園生活を過ごしてきたか、興味・関心や生活への取り組み方など、Ｂ児のよさや可能性をとらえ、小学校以降の生活で指導の手がかりとなっていくように、記入する内容を考えていきました。

・運動的な遊びを好み、特に雲梯や鉄棒などの固定遊具でできることを、教師や周りの友達から認められることにうれしさを感じている。１学期は、一人で固定遊具で遊ぶことが多かったが、大型遊具や工夫して扱えるものを遊びに取り入れられるようにしたところ、大型積み木や砂遊びなど、いろいろな遊びにも興味をもつようになり、友達とかかわりながら遊ぶ姿が見られるようになった。
・運動会以降、友達から誘われてドッジボールなどの集団遊びに参加し、楽しむようになる。友達から誘われたことがうれしく、自分の力を発揮しながら様々な活動に意欲的に取り組む姿が見られるようになっている。特に子ども会の劇では、友達と考えやイメージを伝え合いながら、表現する楽しさや面白さ、やり遂げた満足感を味わっていた。
・自分の思うようにいかないときも、周りの話を聞いたりしながら少しずつ気持ちを調整しようとするようになっている。描画など苦手意識をもっている活動にも、粘り強く最後まで取り組むようになってきた。頑張っていることを認め、よさが学級の中でも伝わっていくように援助してきた。
・３学期には、友達との遊びや生活の中でも、自分の力を発揮するようになってきた。周りから認められることが自信や意欲につながっているので、よさを見逃さず、小学校生活でも自信をもって生活していくことができるように支えていってほしい。

〈備考〉

Ｂ児は、７月から８月に掛けて保護者の出産に伴い、夏季休業日中にも預かり保育を受けていました。その際、教師は、特に個別のかかわりに配慮してきました。B児は、異年齢児に対して優しい言動でかかわる姿が見られるようになり、水遊びなど、夏ならではの遊びを存分に楽しんでいました。

これらのことから、預かり保育を利用したB児の「備考」欄への記入は、以下のように考えられます。

・通年、預かり保育を利用した。母親の出産時には、個別のかかわりに配慮した。

このように、「備考」欄には、「教育課程に係る教育時間の終了後等に行う教育活動を行っている場合には、必要に応じて当該教育活動を通した幼児の発達の姿を記入することも可能であること」(20文科初第1137号「幼稚園幼児指導要録の改善について(通知)」より）を踏まえて記述を考えます。

【事例３から読み取れること】

《日々の記録から指導要録へ》

日々の記録を基にして、指導要録に記入する内容をまとめていくには、いろいろな方法があると思います。この事例は、日々の保育の記録の中に表れたある幼児の姿を振り返りながら、その時期ごとの幼児の姿とその幼児に対する教師自身の思いや願いを明確にすることによって、一人の幼児の発達する姿を理解しようとしたものです。

指導要録というと、日常の保育から切り離された特別のことのように受け止め身構えてしまうことが多いようです。しかし、この事例のように、日々の保育とその記録という巡りの中でとらえて記録を積み重ね、一年の保育を振り返って一人一人の幼児の発達してきた道筋と、そこへの幼児を取り巻く教師のかかわりや次年度への指導の手掛かりを整理しまとめてみることが指導要録への記入といえるでしょう。

《小学校教育への橋渡し》

幼児の変容を温かく見つめ、幼児のよさと可能性を発揮する姿を大切にすると共に領域に示すねらいの視点をもち、その幼児の全体的な発達の状況をとらえていきます。さらに、一人一人の幼児の成長を小学校教育へとつなぐ、指導の記録として指導要録の記入に当たります。

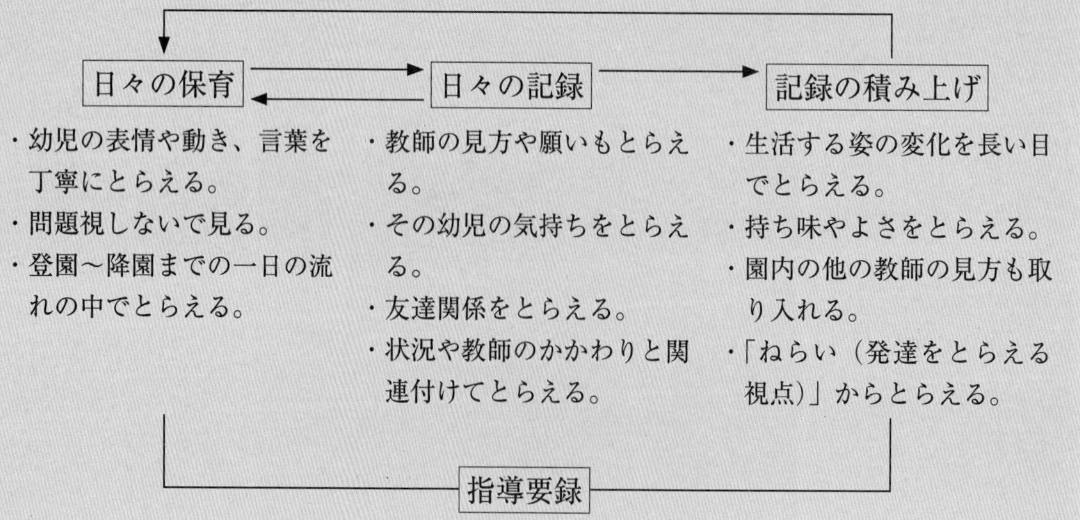
日々の保育
日々の記録
記録の積み上げ
・幼児の表情や動き、言葉を丁寧にとらえる。
・問題視しないで見る。
・登園～降園までの一日の流れの中でとらえる。
・教師の見方や願いもとらえる。
・その幼児の気持ちをとらえる。
・友達関係をとらえる。
・状況や教師のかかわりと関連付けてとらえる。
・生活する姿の変化を長い目でとらえる。
・持ち味やよさをとらえる。
・園内の他の教師の見方も取り入れる。
・「ねらい（発達をとらえる視点）」からとらえる。
指導要録

事例４　教師自身のかかわりに気付く

幼児たちとの日々の生活において、教師は一人一人の幼児と触れ合いを通して理解を深めながら保育をより充実したものにしていきます。また、幼児の姿からそれまでの自分のその幼児に対する見方や保育を振り返って反省・評価することで、一人一人の幼児を見る目を一層広げていきます。幼児理解が深まることは、教師の幼児に対する見方が深まることでもあるのです。

この事例は、３歳児を受けもって幼児とのすれ違いに悩んでいる若いＤ教師が、周りの教師の援助により自分のかかわり方の問題点に気付いて次第に変容していった過程を紹介しています。

《５月の記録から》

幼児の姿	反省・評価（Ｄ教師の思い）
Ｙ児とＡ児が砂遊びをしている。教師が「片付けの時間だから、片付けてお部屋に帰りましょう」と促す。Ｙ児は遊びをやめて、「先生と一緒に帰る」と保育室に帰るが、Ａ児は聞こえていない振りをして黙々とシャベルで砂をバケツに入れ続けている。教師が何と言っていいかわからずにとっさに「怖いお化けが来るかもよ」などと言ってもやめないので、最後には嫌がるＡ児を抱きかかえて部屋まで連れて行った。	幼児は、幼稚園の生活に少しずつ慣れ、好きな遊びが見つけられるようになった。Ａ児も、入園当初は、泣いて教師のそばで過ごすことが多かったが、今では毎日のように砂遊びを楽しんでいる。 午前保育の期間は、「片付けの後、おやつを食べてお家に帰ろう」と声掛けすると戻ってきていた。最近は、遊びが面白くなり片付けをしない子が増え、部屋になかなか戻ってこない子もいる。何度も声を掛けに行くが戻ってきてくれない。「お家に帰れなくなっちゃうよ」など言ってみるが、私の言葉は入っていかない。どう促しをしたらよいかわからず、戸惑ったり、いらいらしたりしてしまう。

Ｄ教師の保育記録には１学期の半ばまで、保育の悩みが書き込まれています。１学期後半に入って、主任の教師がＤ教師と一緒に保育に参加しながら、どうしたらいいかを考えていくことになりました。また、保育場面を教師同士で見合う場をつくったり、保育の様子をビデオ撮影したりして、保育を振り返り話し合いました。このことがＤ教師にとって自分の見方に気付く機会になったようです。Ｄ教師は、そのときの思いを次のように記録にしています。

主任のＨ先生が私のクラスに入ってくれた。Ｈ先生の幼児一人一人への言葉のかけ方や細やかなかかわり方、心のとらえ方や遊びへのかかわり方など、本当に上手だなあと思った。そしてこの子たちも気持ちが満たされると無理なく行動が切り替えられるんだということを知った。また、教師同士の話し合いの中で、仲間の教師が、「Ｄ先生、言葉だけじゃなくて、いつも子ども達と一緒に片付けをしているところが素敵よね」など自分では気が付かなかった自分の保育の良さを示してくれた。そして「私ならＡ児の気持ちを理解するために、Ａ児と一緒に砂場でじっくり遊んでみるかもしれないわ」など、自分では気付かなかったかかわり方も示してくれた。保育がうまくいかなかったのは、幼児が悪いのではなくて、私自身の見方やかかわり方の問題ではないかと思えるようになった。

《10月の記録から》

幼児の姿	反省・評価（Ｄ教師の思い）
Y児とA児とK児とS児が砂場で工事ごっこをしている。そこで「今日の工事は大きな穴が掘れたね。工事やさん、今日はこれからホールに行くから、おしまいにして片付けよう」と促す。「えー、やだ」と、Y児が言うと、「やだもんな」と、A児が同調する。「そうだ。 お弁当のあと、もっと続きが出来るように、カッコイイ“工事中”の看板付けておこうか」と	１学期には、一人で遊んでいることの多かったA児。なかなか好きな遊びがやめられず、部屋に戻ってくることが遅いこともあったA児が、気の合う友達と一緒に、工事ごっこというごっこ遊びを楽しむようになった。私がヘルメットや三角コーンなどを出してあげると更に遊びが面白くなったようだった。すると、片付けも遊びの達成感からか自然と楽しみ

提案すると「うん」と納得しK児とS児は使っていたシャベルを片付け始める。 Y児とA児は、K児とS児の言動に刺激を受け、片付けを始めた。使っていた道具も二人で持ち、嬉しそうに倉庫に向かう。	ながら出来るようになった。 子どもの興味や関心に寄り添うことで、自然と子ども達が自分に心を開いてくれるようになったことを感じる。

《一年を振り返って》

1学期の半ばまで、何をしても楽しくない気分であった。幼児が言うことを聞いてくれない。幼児とのやりとりもしっくりいかない。私には無理だ、楽しい保育なんてできっこない。そんな思いの毎日であった。

落ち込んでいた私は、1学期後半になってH先生の保育を見せてもらったり、教師同士で保育の振り返りをしたりした。私は、子どもを一方的にしかとらえられなかった自分に気が付いた。そして、自分では何気なくしていた行動を他の先生は肯定的に見ていてくれた。自分の中にあった重たいものがだんだんと軽くなり、自分が支えられていることを実感してなんだか元気が出てきた。

教材研究の大切さがわかり、言葉のかけ方もその子の気持ちや興味のありように合わせていこうとするようになった。それによって幼児の喜ぶ顔や動きが見えるようになり、次第に保育が楽しく感じられるようになった。

この頃は、この幼児と明日はどんな生活をしていこうかと楽しく思いを巡らせるようになってきた。そして自分が幼児一人一人を信じられるようになっていることを感じる。

【事例４から読み取れること】

これはまだ１年目の若い教師の事例です。うまく幼児にかかわれない教師が、先輩の教師のかかわり方を見たり、教師同士で保育を振り返ったりしたことで自分の保育を見直すきっかけをつかみ、やがては自分の幼児の見方に気付き、それを変えていくことができました。

《幼児へのかかわりを振り返る》

５月の記録では、Ｄ教師は、園に慣れ始めた幼児が勝手気ままに動き始め、何を言っても、全く自分の言うことを聞いてくれないために、叱るような言い方になり無理に幼児を引っ張ることが多くなっていました。幼児の姿を否定的に見て、遊びを楽しくする援助ができませんでした。

それはこの頃の保育の見方の中に、幼児は自分の言ったとおりに行動してくれるものという教師の思い込みがあり、一方的な言葉掛けをしても、実際には教師の思い通りにはならないことに対する焦りがあったためでもあります。

《教師同士で学び合う》

10月の記録では、個々の気持ちや成長にも目が向いてきて、幼児の関係やクラス全体の姿などもとらえられるようになってきています。それは、主任のＨ教師が幼児とかかわっている姿を見て、見方の細やかさや心のつかみかたの上手さに触れ、自分は幼児のせいにしていてそれが足りなかったことに気付いたことがきっかけになっています。

また、主任のＨ教師自身にとっても、若いＤ教師に対して「何を」「どう伝えていったらよいか」の順序性を考えながら指導したり、自分自身の保育観を振り返ったりするよい機会となりました。

《園全体の教師による協力体制づくり》

このように保育においては教師が自分の見方を変え、幼児の気持ちになってかかわれるようになると、幼児の受け止め方が全く変わってきます。こうした自分自身の見方に気付いて、自分の保育を見直すようになることが幼児を理解するために必要ではないでしょうか。

そして、この事例で、D教師が自分の見方や保育に対する姿勢に気付いて変容していった背景には、この幼稚園の主任のH教師をはじめとする他の教師が皆で、D教師を温かな目で支え励ましていこうとする姿勢があったことを見逃すことができないでしょう。このような園全体の教師同士の協力体制づくりが重要です。

事例５　よさや持ち味に触れる

教師であれば誰しも一人一人の幼児のよさや持ち味をとらえていきたいと願っています。しかし実際の保育の中ではそれがうまくいかないことがしばしばあります。教師自身も気付かないうちに、幼児の否定的な姿にとらわれてしまったり、幼児に対する見方が固定してしまったりすることもあります。そうしたときには、教師自身の見方やとらえ方を変えてみることが必要になるでしょう。

これは３年保育５歳児を担当しているＥ教師が、Ｊ児の個性に触れ、持ち味をとらえられるようになっていくまでの実践事例です。

【自分の物にこだわるＪ児】

《11 月下旬、Ｅ教師の保育の記録から》

保育室を区切って空間をつくるために、ロッカーを移動する。

Ｊ児は「わあーい、家作りたい。先生、ダンボールちょうだい」と言って、Ｅ教師と一緒に倉庫に行き、板ダンボールをもってきて家作りが始まる。二つのロッカーの間にそのダンボールを載せて屋根にし、Ｈ児と一緒に入り込む。ままごと道具を運び込み、ダンボールで壁を作り絵や文字を書いたりし、「ここ換気扇です」などと家のイメージを広げていく。

自分の思いを次々に実現していくＪ児の行動力はすごい。この家作りをきっかけに友達とかかわり、遊びを広げていってほしいと願う。

数日後、この家の屋根がつぶれる。Ｊ児はその屋根をむしり取り「新しいダンボールちょうだい」と言って、自分で倉庫からもってくる。むしり取った今までの屋根を直そうともしない。新しい屋根が完成すると満足した様子で「これ僕とＨ君が作ったんだ」と周りの友達に言っている。その後の数日間、Ｊ児のイメージはどんどん広がり、Ｈ児と一緒に机や椅子をもち込んでいろいろな部屋を作り「これはＪちゃんの家だよ、誰も入ったらいけないよ。Ｈ君だけはいいよ！」と、入りたそうにしているみんなに言っている。

教師としては周りの子がこの家にかかわることにより、Ｊ児にみんなの家、クラスの家という意識をもたせたいと願い「みんなで屋根の色を塗ろうか」と誘いかけてみるが、Ｊ児は断固としてそれを拒否し受け入れてくれない。Ｊ児がどうしてこんなに『自分の家』に固執するのか、理解できず疑問に思う。

Ｊ児が休んだ日に、多くの幼児が家の中に入って遊び始める。その中の数人が家の中の部屋で遊びながら「これよくできてるね」「うんＪちゃんてすごいね」と話していた。

【Ｊ児に対するＥ教師のとらえ】

このような様子からＥ教師は、Ｊ児はイメージしたことを実現していく力や豊かな発想力などはもっているが、その反面、自分の思いに固執したり、自分のイメージが侵されることを嫌ったりするなど自分勝手な行動があるので、友達関係も狭く遊びの発展性に欠けるというようにとらえていた。

だがこの家作りを通して、周りの幼児が自分勝手なＪ児の行為をなぜ責めなかったのか、なぜＪ児と一緒に遊びたがるのかを不思議に思い、遊びの中でのＪ児と周りの幼児とのかかわりの様子をもう少し丁寧にとらえてみようと思った。

【見えてきたＪ児の姿】

《11月の記録から》

・三輪車に乗っているＪ児の後を、３歳児のＵ児が小さな三輪車でついていく。Ｊ児は時々振り向いてＵ児の様子を気づかい、やさしい言葉をかけている。Ｕ児はにこにこした表情でついていく。

・Ｊ児はままごとセットで遊んでいる女児たちに「僕お父さん。では、行ってきまーす」と言って、三輪車に乗って出かけて行く。しばらくして「ただいま」と言って、その仲間に入って遊ぶ。

《1月の記録から》

・Ｊ児はＨ児と一緒にダンボールで自動車を作り始める。その様子を見たＮ児は「いいなー、僕も作りたいなー」とつぶやくが、仲間に入れてもらえない。教師が「どうしてそんなにＪ君と遊びたいの」とＮ児に聞くと、「だって、Ｊちゃんと遊んだら楽しいもん」と答える。

《２月初旬の記録から》

・みんなで『お腹の中に鬼がいる』の紙芝居を見る。Ｊ児「ぼくのお腹の中には車の好きな鬼がいるんだー」すかさず「そうだ、Ｊちゃんは車好きだもんね」という声。Ｊ児の「頭や、足も、体中ぐるぐる走っているんだー」という言葉に、みんなは大笑いする。

《２月下旬の記録から》

・みんなで劇遊びをしていたときに、Ｊ児が救急車になって「イ～ヤ、イ～ヤ、イ～ヤ」とサイレンの口まねをしながら三輪車で登場してくる。このＪ児のサイレンはその後、他のクラスにも伝わって流行語になる。

【Ｊ児の理解と評価】

Ｊ児の行動が周りの幼児に、どのように受け止められているのかをとらえようとするうちに、次第にＪ児をとらえ直すことができ、そのよさや持ち味をいくつも発見することができた。

・年少児に対していたわりの心をもって接することができる。
・仲間に自然に入ることができる。
・発想が豊かであり、それが他児を引き付ける魅力となっている。
・観察する力があり知識が豊富なので、友達から遊びを面白くしてくれるリーダー的な存在として認められている。

これまでＪ児を教師側のこのように在ってほしいという目から固定的にとらえていたことに気付かされた。もっと早くＪ児の持ち味を受け止めることができたら、Ｊ児への援助も違っていたかも知れない。自分勝手とも見える行動を何とかしようと思う援助がかえってマイナス面を助長することになってしまったようだ。教師としての目からだけでなく、周囲の幼児の目から見たよさなどを感じ取り、幼児の理解を深めていくことの大切さを痛感している。

【事例５から読み取れること】

《記録から幼児のよさや持ち味を見いだす》

これは、幼児のよさや持ち味をなかなか感じられなかった教師が、周囲の幼児の立場からその幼児のよさや持ち味をとらえ直したところ、自分では気付かなかったいろいろな面が見えてきたという事例です。

初めにとらえていた姿としては、イメージしたものを作る力があるが、作ったものを大事にしないし、自分の思いを押し通す、遊びの発展性が乏しいというように否定的な面が強くとらえられていました。また友達とイメージを共有できないようにも思えていました。こうしたとらえ方の背景には、Ｊ児がなかなかＥ教師の期待したように行動してくれないことへの不満や焦りがあったように思われます。

しかし、Ｅ教師のこうしたとらえ方とは別に、遊びの中でのＪ児は周りの友達に認められている存在でした。そこでＪ児のどのような面が友達を引き付けるのかをＥ教師は継続的な観察と記録を通して探ってみたのです。そこから、年少児をいたわる姿や遊びを面白くする姿といった、これまでＥ教師には見えていなかったＪ児のよさや持ち味がとらえられてきました。

この事例のように、教師の見方と幼児自身の見方とは必ずしも一致するとは限りません。教師からは否定的に見えることや問題に思えることも、友達にとってみれば魅力として認められていることもあります。幼児のよさや持ち味は、活動内容やかかわる相手との関係によって引き出されたり、その表れ方が異なったりするものでもあります。ときにはこの教師のように、幼児の立場からそれぞれの幼児のよさや持ち味をとらえ直してみる姿勢をもつことも必要になるでしょう。

それぞれの幼児のよさや持ち味に触れて、それを生かしていくことが、教師と幼児の信頼関係を築くことになるとともに、一人一人の幼児が十分に自己を発揮しながら望ましい方向に伸びていくための基盤となるのです。幼児を理解するために、教師は日頃から柔軟な見方に心掛けることが大切です。

参考資料

1　教育基本法（抄）

2　学校教育法（抄）

3　学校教育法施行規則（抄）

4　幼稚園教育要領

5　幼稚園幼児指導要録の改善について

6　認定こども園こども要録について

7　保育所保育指針の施行に際しての留意事項について
（保育所児童保育要録）

1　教育基本法（抄）

平成十八年十二月二十二日法律第百二十号

第十一条　幼児期の教育は、生涯にわたる人格形成の基礎を培う重要なものであることにかんがみ、国及び地方公共団体は、幼児の健やかな成長に資する良好な環境の整備その他適当な方法によって、その振興に努めなければならない。

2　学校教育法（抄）

昭和二十二年三月三十一日法律第二十六号
一部改正：平成十九年六月二十七日法律第九十六号

第三章　幼稚園

第二十二条　幼稚園は、義務教育及びその後の教育の基礎を培うものとして、幼児を保育し、幼児の健やかな成長のために適当な環境を与えて、その心身の発達を助長することを目的とする。

第二十三条　幼稚園における教育は、前条に規定する目的を実現するため、次に掲げる目標を達成するよう行われるものとする。

一　健康、安全で幸福な生活のために必要な基本的な習慣を養い、身体諸機能の調和的発達を図ること。

二　集団生活を通じて、喜んでこれに参加する態度を養うとともに家族や身近な人への信頼感を深め、自主、自律及び協同の精神並びに規範意識の芽生えを養うこと。

三　身近な社会生活、生命及び自然に対する興味を養い、それらに対する正しい理解と態度及び思考力の芽生えを養うこと。

四　日常の会話や、絵本、童話等に親しむことを通じて、言葉の使い方を正しく導くとともに、相手の話を理解しようとする態度を養うこと。

五　音楽、身体による表現、造形等に親しむことを通じて、豊かな感性と表現力の芽生えを養うこと。

第二十四条　幼稚園においては、第二十二条に規定する目的を実現するための教育を行うほか、幼児期の教育に関する各般の問題につき、保護者及び地域住民その他の関係者からの相談に応じ、必要な情報の提供及び助言を行うなど、家庭及び地域における幼児期の教育の支援に努めるものとする。

第二十五条　幼稚園の教育課程その他の保育内容に関する事項は、第二十二条及び第二十三条の規定に従い、文部科学大臣が定める。

第二十六条　幼稚園に入園することのできる者は、満三歳から、小学校就学の始期に達するまでの幼児とする。

第八章　特別支援教育

第八十一条　幼稚園、小学校、中学校、高等学校及び中等教育学校においては、次項各号のいずれかに該当する幼児、児童及び生徒その他教育上特別の支援を必要とする幼児、児童及び生徒に対し、文部科学大臣の定めるところにより、障害による学習上又は生活上の困難を克服するための教育を行うものとする。

（第二項及び第三項　略）

3　学校教育法施行規則（抄）

昭和二十二年五月二十三日文部省令第十一号
一部改正：平成二十年三月二十八日文部科学省令第五号

第三章　幼稚園

第三十七条　幼稚園の毎学年の教育週数は、特別の事情のある場合を除き、三十九週を下つてはならない。

第三十八条　幼稚園の教育課程その他の保育内容については、この章に定めるもののほか、教育課程その他の保育内容の基準として文部科学大臣が別に公示する幼稚園教育要領によるものとする。

4　幼稚園教育要領

○文部科学省告示第二十六号

学校教育法施行規則（昭和二十二年文部省令第十一号）第三十八条の規定に基づき、幼稚園教育要領（平成十年文部省告示第百七十四号）の全部を次のように改正し、平成二十一年四月一日から施行する。

平成二十年三月二十八日

文部科学大臣　渡海紀三朗

幼稚園教育要領

目次

第１章　総則

第１　幼稚園教育の基本

幼児期における教育は、生涯にわたる人格形成の基礎を培う重要なものであり、幼稚園教育は、学校教育法第22条に規定する目的を達成するため、幼児期の特性を踏まえ、環境を通して行うものであることを基本とする。

このため、教師は幼児との信頼関係を十分に築き、幼児と共によりよい教育環境を創造するように努めるものとする。これらを踏まえ、次に示す事項を重視して教育を行わなければならない。

1　幼児は安定した情緒の下で自己を十分に発揮することにより発達に必要な体験を得ていく

ものであることを考慮して、幼児の主体的な活動を促し、幼児期にふさわしい生活が展開されるようにすること。

2　幼児の自発的な活動としての遊びは、心身の調和のとれた発達の基礎を培う重要な学習であることを考慮して、遊びを通しての指導を中心として第２章に示すねらいが総合的に達成されるようにすること。

3　幼児の発達は、心身の諸側面が相互に関連し合い、多様な経過をたどって成し遂げられていくものであること、また、幼児の生活経験がそれぞれ異なることなどを考慮して、幼児一人一人の特性に応じ、発達の課題に即した指導を行うようにすること。

その際、教師は、幼児の主体的な活動が確保されるよう幼児一人一人の行動の理解と予想に基づき、計画的に環境を構成しなければならない。この場合において、教師は、幼児と人やものとのかかわりが重要であることを踏まえ、物的・空間的環境を構成しなければならない。また、教師は、幼児一人一人の活動の場面に応じて、様々な役割を果たし、その活動を豊かにしなければならない。

第２　教育課程の編成

幼稚園は、家庭との連携を図りながら、この章の第１に示す幼稚園教育の基本に基づいて展開される幼稚園生活を通して、生きる力の基礎を育成するよう学校教育法第23条に規定する幼稚園教育の目標の達成に努めなければならない。幼稚園は、このことにより、義務教育及びその後の教育の基礎を培うものとする。

これらを踏まえ、各幼稚園においては、教育基本法及び学校教育法その他の法令並びにこの幼稚園教育要領の示すところに従い、創意工夫を生かし、幼児の心身の発達と幼稚園及び地域の実態に即応した適切な教育課程を編成するものとする。

1　幼稚園生活の全体を通して第２章に示すねらいが総合的に達成されるよう、教育課程に係る教育期間や幼児の生活経験や発達の過程などを考慮して具体的なねらいと内容を組織しなければならないこと。この場合においては、特に、自我が芽生え、他者の存在を意識し、自己を抑制しようとする気持ちが生まれる幼児期の発達の特性を踏まえ、入園から修了に至るまでの長期的な視野をもって充実した生活が展開できるように配慮しなければならないこと。

2　幼稚園の毎学年の教育課程に係る教育週数は、特別の事情のある場合を除き、39週を下ってはならないこと。

3　幼稚園の１日の教育課程に係る教育時間は、４時間を標準とすること。ただし、幼児の心身の発達の程度や季節などに適切に配慮すること。

第3　教育課程に係る教育時間の終了後等に行う教育活動など

幼稚園は、地域の実態や保護者の要請により教育課程に係る教育時間の終了後等に希望する者を対象に行う教育活動について、学校教育法第22条及び第23条並びにこの章の第1に示す幼稚園教育の基本を踏まえ実施すること。また、幼稚園の目的の達成に資するため、幼児の生活全体が豊かなものとなるよう家庭や地域における幼児期の教育の支援に努めること。

第2章　ねらい及び内容

この章に示すねらいは、幼稚園修了までに育つことが期待される生きる力の基礎となる心情、意欲、態度などであり、内容は、ねらいを達成するために指導する事項である。これらを幼児の発達の側面から、心身の健康に関する領域「健康」、人とのかかわりに関する領域「人間関係」、身近な環境とのかかわりに関する領域「環境」、言葉の獲得に関する領域「言葉」及び感性と表現に関する領域「表現」としてまとめ、示したものである。

各領域に示すねらいは、幼稚園における生活の全体を通じ、幼児が様々な体験を積み重ねる中で相互に関連をもちながら次第に達成に向かうものであること、内容は、幼児が環境にかかわって展開する具体的な活動を通して総合的に指導されるものであることに留意しなければならない。

なお、特に必要な場合には、各領域に示すねらいの趣旨に基づいて適切な、具体的な内容を工夫し、それを加えても差し支えないが、その場合には、それが第1章の第1に示す幼稚園教育の基本を逸脱しないよう慎重に配慮する必要がある。

健康

〔健康な心と体を育て、自ら健康で安全な生活をつくり出す力を養う。〕

1　ねらい

(1) 明るく伸び伸びと行動し、充実感を味わう。
(2) 自分の体を十分に動かし、進んで運動しようとする。
(3) 健康、安全な生活に必要な習慣や態度を身に付ける。

2　内　容

(1) 先生や友達と触れ合い、安定感をもって行動する。
(2) いろいろな遊びの中で十分に体を動かす。
(3) 進んで戸外で遊ぶ。
(4) 様々な活動に親しみ、楽しんで取り組む。
(5) 先生や友達と食べることを楽しむ。
(6) 健康な生活のリズムを身に付ける。
(7) 身の回りを清潔にし、衣服の着脱、食事、排泄《せつ》などの生活に必要な活動を自分でする。

(8) 幼稚園における生活の仕方を知り、自分たちで生活の場を整えながら見通しをもって行動する。

(9) 自分の健康に関心をもち、病気の予防などに必要な活動を進んで行う。

(10) 危険な場所、危険な遊び方、災害時などの行動の仕方が分かり、安全に気を付けて行動する。

3　内容の取扱い

上記の取扱いに当たっては、次の事項に留意する必要がある。

(1) 心と体の健康は、相互に密接な関連があるものであることを踏まえ、幼児が教師や他の幼児との温かい触れ合いの中で自己の存在感や充実感を味わうことなどを基盤として、しなやかな心と体の発達を促すこと。特に、十分に体を動かす気持ちよさを体験し、自ら体を動かそうとする意欲が育つようにすること。

(2) 様々な遊びの中で、幼児が興味や関心、能力に応じて全身を使って活動することにより、体を動かす楽しさを味わい、安全についての構えを身に付け、自分の体を大切にしようとする気持ちが育つようにすること。

(3) 自然の中で伸び伸びと体を動かして遊ぶことにより、体の諸機能の発達が促されることに留意し、幼児の興味や関心が戸外にも向くようにすること。その際、幼児の動線に配慮した園庭や遊具の配置などを工夫すること。

(4) 健康な心と体を育てるためには食育を通じた望ましい食習慣の形成が大切であることを踏まえ、幼児の食生活の実情に配慮し、和やかな雰囲気の中で教師や他の幼児と食べる喜びや楽しさを味わったり、様々な食べ物への興味や関心をもったりするなどし、進んで食べようとする気持ちが育つようにすること。

(5) 基本的な生活習慣の形成に当たっては、家庭での生活経験に配慮し、幼児の自立心を育て、幼児が他の幼児とかかわりながら主体的な活動を展開する中で、生活に必要な習慣を身に付けるようにすること。

人間関係

〔他の人々と親しみ、支え合って生活するために、自立心を育て、人とかかわる力を養う。〕

1　ねらい

(1) 幼稚園生活を楽しみ、自分の力で行動することの充実感を味わう。

(2) 身近な人と親しみ、かかわりを深め、愛情や信頼感をもつ。

(3) 社会生活における望ましい習慣や態度を身に付ける。

2　内　容

(1) 先生や友達と共に過ごすことの喜びを味わう。

(2) 自分で考え、自分で行動する。

(3) 自分でできることは自分でする。

(4) いろいろな遊びを楽しみながら物事をやり遂げようとする気持ちをもつ。
(5) 友達と積極的にかかわりながら喜びや悲しみを共感し合う。
(6) 自分の思ったことを相手に伝え、相手の思っていることに気付く。
(7) 友達のよさに気付き、一緒に活動する楽しさを味わう。
(8) 友達と楽しく活動する中で、共通の目的を見いだし、工夫したり、協力したりなどする。
(9) よいことや悪いことがあることに気付き、考えながら行動する。
(10) 友達とのかかわりを深め、思いやりをもつ。
(11) 友達と楽しく生活する中できまりの大切さに気付き、守ろうとする。
(12) 共同の遊具や用具を大切にし、みんなで使う。
(13) 高齢者をはじめ地域の人々などの自分の生活に関係の深いいろいろな人に親しみをもつ。

3　内容の取扱い

上記の取扱いに当たっては、次の事項に留意する必要がある。

(1) 教師との信頼関係に支えられて自分自身の生活を確立していくことが人とかかわる基盤となることを考慮し、幼児が自ら周囲に働き掛けることにより多様な感情を体験し、試行錯誤しながら自分の力で行うことの充実感を味わうことができるよう、幼児の行動を見守りながら適切な援助を行うようにすること。

(2) 幼児の主体的な活動は、他の幼児とのかかわりの中で深まり、豊かになるものであり、幼児はその中で互いに必要な存在であることを認識するようになることを踏まえ、一人一人を生かした集団を形成しながら人とかかわる力を育てていくようにすること。特に、集団の生活の中で、幼児が自己を発揮し、教師や他の幼児に認められる体験をし、自信をもって行動できるようにすること。

(3) 幼児が互いにかかわりを深め、協同して遊ぶようになるため、自ら行動する力を育てるようにするとともに、他の幼児と試行錯誤しながら活動を展開する楽しさや共通の目的が実現する喜びを味わうことができるようにすること。

(4) 道徳性の芽生えを培うに当たっては、基本的な生活習慣の形成を図るとともに、幼児が他の幼児とのかかわりの中で他人の存在に気付き、相手を尊重する気持ちをもって行動できるようにし、また、自然や身近な動植物に親しむことなどを通して豊かな心情が育つようにすること。特に、人に対する信頼感や思いやりの気持ちは、葛藤《かっとう》やつまずきをも体験し、それらを乗り越えることにより次第に芽生えてくることに配慮すること。

(5) 集団の生活を通して、幼児が人とのかかわりを深め、規範意識の芽生えが培われることを考慮し、幼児が教師との信頼関係に支えられて自己を発揮する中で、互いに思いを主張し、折り合いを付ける体験をし、きまりの必要性などに気付き、自分の気持ちを調整する力が育つようにすること。

(6) 高齢者をはじめ地域の人々などの自分の生活に関係の深いいろいろな人と触れ合い、自分の感情や意志を表現しながら共に楽しみ、共感し合う体験を通して、これらの人々などに親しみをもち、人とかかわることの楽しさや人の役に立つ喜びを味わうことができるようにすること。また、生活を通して親や祖父母などの家族の愛情に気付き、家族を大切にしようとする気持ちが育つようにすること。

環境

〔周囲の様々な環境に好奇心や探究心をもってかかわり、それらを生活に取り入れていこうとする力を養う。〕

1　ねらい

(1) 身近な環境に親しみ、自然と触れ合う中で様々な事象に興味や関心をもつ。

(2) 身近な環境に自分からかかわり、発見を楽しんだり、考えたりし、それを生活に取り入れようとする。

(3) 身近な事象を見たり、考えたり、扱ったりする中で、物の性質や数量、文字などに対する感覚を豊かにする。

2　内　容

(1) 自然に触れて生活し、その大きさ、美しさ、不思議さなどに気付く。

(2) 生活の中で、様々な物に触れ、その性質や仕組みに興味や関心をもつ。

(3) 季節により自然や人間の生活に変化のあることに気付く。

(4) 自然などの身近な事象に関心をもち、取り入れて遊ぶ。

(5) 身近な動植物に親しみをもって接し、生命の尊さに気付き、いたわったり、大切にしたりする。

(6) 身近な物を大切にする。

(7) 身近な物や遊具に興味をもってかかわり、考えたり、試したりして工夫して遊ぶ。

(8) 日常生活の中で数量や図形などに関心をもつ。

(9) 日常生活の中で簡単な標識や文字などに関心をもつ。

(10) 生活に関係の深い情報や施設などに興味や関心をもつ。

(11) 幼稚園内外の行事において国旗に親しむ。

3　内容の取扱い

上記の取扱いに当たっては、次の事項に留意する必要がある。

(1) 幼児が、遊びの中で周囲の環境とかかわり、次第に周囲の世界に好奇心を抱き、その意味や操作の仕方に関心をもち、物事の法則性に気付き、自分なりに考えることができるようになる過程を大切にすること。特に、他の幼児の考えなどに触れ、新しい考えを生み出す喜びや楽しさを味わい、自ら考えようとする気持ちが育つようにすること。

(2) 幼児期において自然のもつ意味は大きく、自然の大きさ、美しさ、不思議さなどに直接触れる体験を通して、幼児の心が安らぎ、豊かな感情、好奇心、思考力、表現力の基礎が培われることを踏まえ、幼児が自然とのかかわりを深めることができるよう工夫すること。

(3) 身近な事象や動植物に対する感動を伝え合い、共感し合うことなどを通して自分からかかわろうとする意欲を育てるとともに、様々なかかわり方を通してそれらに対する親しみや畏《い》敬の念、生命を大切にする気持ち、公共心、探究心などが養われるようにすること。

(4) 数量や文字などに関しては、日常生活の中で幼児自身の必要感に基づく体験を大切にし、数量や文字などに関する興味や関心、感覚が養われるようにすること。

言葉

〔経験したことや考えたことなどを自分なりの言葉で表現し、相手の話す言葉を聞こうとする意欲や態度を育て、言葉に対する感覚や言葉で表現する力を養う。〕

1　ねらい

(1) 自分の気持ちを言葉で表現する楽しさを味わう。

(2) 人の言葉や話などをよく聞き、自分の経験したことや考えたことを話し、伝え合う喜びを味わう。

(3) 日常生活に必要な言葉が分かるようになるとともに、絵本や物語などに親しみ、先生や友達と心を通わせる。

2　内　容

(1) 先生や友達の言葉や話に興味や関心をもち、親しみをもって聞いたり、話したりする。

(2) したり、見たり、聞いたり、感じたり、考えたりなどしたことを自分なりに言葉で表現する。

(3) したいこと、してほしいことを言葉で表現したり、分からないことを尋ねたりする。

(4) 人の話を注意して聞き、相手に分かるように話す。

(5) 生活の中で必要な言葉が分かり、使う。

(6) 親しみをもって日常のあいさつをする。

(7) 生活の中で言葉の楽しさや美しさに気付く。

(8) いろいろな体験を通じてイメージや言葉を豊かにする。

(9) 絵本や物語などに親しみ、興味をもって聞き、想像をする楽しさを味わう。

(10) 日常生活の中で、文字などで伝える楽しさを味わう。

3　内容の取扱い

上記の取扱いに当たっては、次の事項に留意する必要がある。

(1) 言葉は、身近な人に親しみをもって接し、自分の感情や意志などを伝え、それに相手が応答し、その言葉を聞くことを通して次第に獲得されていくものであることを考慮して、幼児が教師や他の幼児とかかわることにより心を動かすような体験をし、言葉を交わす喜びを味わえるようにすること。

(2) 幼児が自分の思いを言葉で伝えるとともに、教師や他の幼児などの話を興味をもって注意して聞くことを通して次第に話を理解するようになっていき、言葉による伝え合いができるようにすること。

(3) 絵本や物語などで、その内容と自分の経験とを結び付けたり、想像を巡らせたりするなど、楽しみを十分に味わうことによって、次第に豊かなイメージをもち、言葉に対する感覚が養われるようにすること。

(4) 幼児が日常生活の中で、文字などを使いながら思ったことや考えたことを伝える喜びや楽しさを味わい、文字に対する興味や関心をもつようにすること。

表現

〔感じたことや考えたことを自分なりに表現することを通して、豊かな感性や表現する力を養い、創造性を豊かにする。〕

1　ねらい

(1) いろいろなものの美しさなどに対する豊かな感性をもつ。

(2) 感じたことや考えたことを自分なりに表現して楽しむ。

(3) 生活の中でイメージを豊かにし、様々な表現を楽しむ。

2　内　容

(1) 生活の中で様々な音、色、形、手触り、動きなどに気付いたり、感じたりするなどして楽しむ。

(2) 生活の中で美しいものや心を動かす出来事に触れ、イメージを豊かにする。

(3) 様々な出来事の中で、感動したことを伝え合う楽しさを味わう。

(4) 感じたこと、考えたことなどを音や動きなどで表現したり、自由にかいたり、つくったりなどする。

(5) いろいろな素材に親しみ、工夫して遊ぶ。

(6) 音楽に親しみ、歌を歌ったり、簡単なリズム楽器を使ったりなどする楽しさを味わう。

(7) かいたり、つくったりすることを楽しみ、遊びに使ったり、飾ったりなどする。

(8) 自分のイメージを動きや言葉などで表現したり、演じて遊んだりするなどの楽しさを味わう。

3　内容の取扱い

上記の取扱いに当たっては、次の事項に留意する必要がある。

(1) 豊かな感性は、自然などの身近な環境と十分にかかわる中で美しいもの、優れたもの、心を動かす出来事などに出会い、そこから得た感動を他の幼児や教師と共有し、様々に表現することなどを通して養われるようにすること。

(2) 幼児の自己表現は素朴な形で行われることが多いので、教師はそのような表現を受容し、幼児自身の表現しようとする意欲を受け止めて、幼児が生活の中で幼児らしい様々な表現を楽しむことができるようにすること。

(3) 生活経験や発達に応じ、自ら様々な表現を楽しみ、表現する意欲を十分に発揮させることができるように、遊具や用具などを整えたり、他の幼児の表現に触れられるよう配慮したりし、表現する過程を大切にして自己表現を楽しめるように工夫すること。

第３章　指導計画及び教育課程に係る教育時間の終了後等に行う教育活動などの留意事項

第１　指導計画の作成に当たっての留意事項

幼稚園教育は、幼児が自ら意欲をもって環境とかかわることによりつくり出される具体的な活動を通して、その目標の達成を図るものである。

幼稚園においてはこのことを踏まえ、幼児期にふさわしい生活が展開され、適切な指導が行われるよう、次の事項に留意して調和のとれた組織的、発展的な指導計画を作成し、幼児の活動に沿った柔軟な指導を行わなければならない。

１　一般的な留意事項

(1) 指導計画は、幼児の発達に即して一人一人の幼児が幼児期にふさわしい生活を展開し、必要な体験を得られるようにするために、具体的に作成すること。

(2) 指導計画の作成に当たっては、次に示すところにより、具体的なねらい及び内容を明確に設定し、適切な環境を構成することなどにより活動が選択・展開されるようにすること。

ア　具体的なねらい及び内容は、幼稚園生活における幼児の発達の過程を見通し、幼児の生活の連続性、季節の変化などを考慮して、幼児の興味や関心、発達の実情などに応じて設定すること。

イ　環境は、具体的なねらいを達成するために適切なものとなるように構成し、幼児が自らその環境にかかわることにより様々な活動を展開しつつ必要な体験を得られるようにすること。その際、幼児の生活する姿や発想を大切にし、常にその環境が適切なものとなるようにすること。

ウ　幼児の行う具体的な活動は、生活の流れの中で様々に変化するものであることに留意し、幼児が望ましい方向に向かって自ら活動を展開していくことができるよう必要な援助をすること。

その際、幼児の実態及び幼児を取り巻く状況の変化などに即して指導の過程についての反省や評価を適切に行い、常に指導計画の改善を図ること。

(3) 幼児の生活は、入園当初の一人一人の遊びや教師との触れ合いを通して幼稚園生活に親しみ、安定していく時期から、やがて友達同士で目的をもって幼稚園生活を展開し、深めていく時期などに至るまでの過程を様々に経ながら広げられていくものであることを考慮し、活動がそれぞれの時期にふさわしく展開されるようにすること。その際、入園当初、特に、３歳児の入園については、家庭との連携を緊密にし、生活のリズムや安全面に十分配慮すること。また、認定こども園（就学前の子どもに関する教育、保育等の総合的な提供の推進に関する法律（平成18年法律第77号）第６条第２項に規定する認定こども園をいう。）である幼稚園については、幼稚園入園前の当該認定こども園における生活経験に配慮すること。

(4) 幼児が様々な人やものとのかかわりを通して、多様な体験をし、心身の調和のとれた発達を促すようにしていくこと。その際、心が動かされる体験が次の活動を生み出すことを考慮し、一つ一つの体験が相互に結び付き、幼稚園生活が充実するようにすること。

(5) 長期的に発達を見通した年、学期、月などにわたる長期の指導計画やこれとの関連を保ちながらより具体的な幼児の生活に即した週、日などの短期の指導計画を作成し、適切な指導が行われるようにすること。特に、週、日などの短期の指導計画については、幼児の生活のリズムに配慮し、幼児の意識や興味の連続性のある活動が相互に関連して幼稚園生活の自然な流れの中に組み込まれるようにすること。

(6) 幼児の行う活動は、個人、グループ、学級全体などで多様に展開されるものであるが、いずれの場合にも、幼稚園全体の教師による協力体制をつくりながら、一人一人の幼児が興味や欲求を十分に満足させるよう適切な援助を行うようにすること。

(7) 幼児の主体的な活動を促すためには、教師が多様なかかわりをもつことが重要であることを踏まえ、教師は、理解者、共同作業者など様々な役割を果たし、幼児の発達に必要な豊かな体験が得られるよう、活動の場面に応じて、適切な指導を行うようにすること。

(8) 幼児の生活は、家庭を基盤として地域社会を通じて次第に広がりをもつものであることに留意し、家庭との連携を十分に図るなど、幼稚園における生活が家庭や地域社会と連続性を保ちつつ展開されるようにすること。その際、地域の自然、人材、行事や公共施設などの地域の資源を積極的に活用し、幼児が豊かな生活体験を得られるように工夫すること。また、家庭との連携に当たっては、保護者との情報交換の機会を設けたり、保護者と幼児との活動の機会を設けたりなどすることを通じて、保護者の幼児期の教育に関する理解が深まるよう配慮すること。

(9) 幼稚園においては、幼稚園教育が、小学校以降の生活や学習の基盤の育成につながることに配慮し、幼児期にふさわしい生活を通して、創造的な思考や主体的な生活態度などの基礎を培うようにすること。

2　特に留意する事項

(1) 安全に関する指導に当たっては、情緒の安定を図り、遊びを通して状況に応じて機敏に自分の体を動かすことができるようにするとともに、危険な場所や事物などが分かり、安全についての理解を深めるようにすること。また、交通安全の習慣を身に付けるようにするとともに、災害などの緊急時に適切な行動がとれるようにするための訓練なども行うようにすること。

(2) 障害のある幼児の指導に当たっては、集団の中で生活することを通して全体的な発達を促していくことに配慮し、特別支援学校などの助言又は援助を活用しつつ、例えば指導についての計画又は家庭や医療、福祉などの業務を行う関係機関と連携した支援のための計画を個別に作成することなどにより、個々の幼児の障害の状態などに応じた指導内容や指導方法の工夫を計画的、組織的に行うこと。

(3) 幼児の社会性や豊かな人間性をはぐくむため、地域や幼稚園の実態等により、特別支援学校などの障害のある幼児との活動を共にする機会を積極的に設けるよう配慮すること。

(4) 行事の指導に当たっては、幼稚園生活の自然の流れの中で生活に変化や潤いを与え、幼児が主体的に楽しく活動できるようにすること。なお、それぞれの行事についてはその教育的価値を十分検討し、適切なものを精選し、幼児の負担にならないようにすること。

(5) 幼稚園教育と小学校教育との円滑な接続のため、幼児と児童の交流の機会を設けたり、小学校の教師との意見交換や合同の研究の機会を設けたりするなど、連携を図るようにすること。

第2　教育課程に係る教育時間の終了後等に行う教育活動などの留意事項

1　地域の実態や保護者の要請により、教育課程に係る教育時間の終了後等に希望する者を対象に行う教育活動については、幼児の心身の負担に配慮すること。また、以下の点にも留意すること。

(1) 教育課程に基づく活動を考慮し、幼児期にふさわしい無理のないものとなるようにすること。その際、教育課程に基づく活動を担当する教師と緊密な連携を図るようにすること。

(2) 家庭や地域での幼児の生活も考慮し、教育課程に係る教育時間の終了後等に行う教育活動の計画を作成するようにすること。その際、地域の様々な資源を活用しつつ、多様な体験ができるようにすること。

(3) 家庭との緊密な連携を図るようにすること。その際、情報交換の機会を設けたりするなど、保護者が、幼稚園と共に幼児を育てるという意識が高まるようにすること。

(4) 地域の実態や保護者の事情とともに幼児の生活のリズムを踏まえつつ、例えば実施日数や時間などについて、弾力的な運用に配慮すること。

(5) 適切な指導体制を整備した上で、幼稚園の教師の責任と指導の下に行うようにすること。

2　幼稚園の運営に当たっては、子育ての支援のために保護者や地域の人々に機能や施設を開放して、園内体制の整備や関係機関との連携及び協力に配慮しつつ、幼児期の教育に関する相談に応じたり、情報を提供したり、幼児と保護者との登園を受け入れたり、保護者同士の交流の機会を提供したりするなど、地域における幼児期の教育のセンターとしての役割を果たすよう努めること。

5　幼稚園幼児指導要録の改善について

20文科初第1137号
平成21年1月28日

各都道府県教育委員会教育長
各　都　道　府　県　知　事
附属幼稚園、小学校及び特別支援学校　殿
　を置く各国立大学法人学長

文部科学省初等中等教育局長
金森　越哉

幼稚園幼児指導要録の改善について（通知）

文部科学省においては、標記のことについて幼稚園教育要領の改訂に伴い、また、これまでの実施の経験にかんがみ、その改善を検討してきましたが、このたび別紙1のとおり改善することとしましたのでお知らせします。

ついては、下記並びに別紙1及び別添資料1（様式の参考例）に関して十分御了知の上、都道府県教育委員会及び都道府県知事におかれては、域内の市町村教育委員会、所管又は所轄の学校等に対して、この通知の趣旨を十分周知されるようお願いします。

また、幼稚園と小学校（特別支援学校の小学部を含む。）との緊密な連携を図る観点から、小学校においてもこの通知の趣旨の理解が図られるようお願いします。

なお、この通知により、平成12年3月8日付け文初幼第491号「幼稚園幼児指導要録並びに盲学校、聾《ろう》学校及び養護学校幼稚部幼児指導要録の改善について」の通知における幼稚園幼児指導要録の改善に係る箇所については廃止します。

記

この通知は、幼稚園教育要領（平成20年3月28日文部科学省告示第26号）の下での指導要録に記載する事項等を示すものである。

指導要録は、幼児の学籍並びに指導の過程とその結果の要約を記録し、その後の指導及び外部に対する証明等に役立たせるための原簿となるものである。

なお、従前に引き続き、各設置者等において、地域に根ざした主体的かつ積極的な教育の展開の観点から様式等が定められるよう、「幼稚園幼児指導要録に記載する事項」を示すとともに、各設置者等が創意工夫するための手がかりとなるよう「様式の参考例」を資料として添付した。

1　改善の要旨

従前の「ねらいと発達の状況」及び「指導上参考となる事項」をまとめ「指導上参考となる事項」としたこと

2　実施時期

この通知を踏まえた指導要録の作成は平成21年度から実施いただきたいこと。なお、平成21年度に新たに入園（転入園含む。）する園児のために指導要録を用意している場合にはこの限りではないこと。

この通知を踏まえた指導要録を作成する場合、既に在園している幼児の指導要録については、従前の指導要録に記載された事項は転記する必要はなく、この通知を踏まえて作成された指導要録とあわせて保存すること。

3　取扱い上の注意

(1) 指導要録の作成、送付及び保存等については、学校教育法施行規則（昭和22年文部省令第11号）第24条及び第28条の規定によること。

(2) 指導要録の記載事項に基づいて外部への証明等を作成する場合には、その目的に応じて必要な事項だけを記載するよう注意すること。

別紙1

幼稚園幼児指導要録に記載する事項

○ 学籍に関する記録

学籍に関する記録は、外部に対する証明等の原簿としての性格をもつものとし、原則として、入園時及び異動の生じたときに記入すること。

1 幼児の氏名、性別、生年月日及び現住所

2 保護者（親権者）氏名及び現住所

3 学籍の記録
(1) 入園年月日
(2) 転入園年月日
(3) 転・退園年月日
(4) 修了年月日

4 入園前の状況
保育所等での集団生活の経験の有無等を記入すること。

5 進学先等
進学した学校や転園した幼稚園等の名称及び所在地等を記入すること。

6 園名及び所在地

7 各年度の入園（転入園）・進級時の幼児の年齢、園長の氏名及び学級担任の氏名

○ 指導に関する記録

指導に関する記録は、1年間の指導の過程とその結果を要約し、次の年度の適切な指導に資するための資料としての性格をもつものとすること。

1 指導の重点等
当該年度における指導の過程について次の視点から記入すること。
(1) 学年の重点
年度当初に、教育課程に基づき長期の見通しとして設定したものを記入すること。

⑵ 個人の重点

一年間を振り返って、当該幼児の指導について特に重視してきた点を記入すること。

2　指導上参考となる事項

⑴ 次の事項について記入すること。

① １年間の指導の過程と幼児の発達の姿について以下の事項を踏まえ記入すること。

・　幼稚園教育要領第２章「ねらい及び内容」に示された各領域のねらいを視点として、当該幼児の発達の実情から向上が著しいと思われるもの。その際、他の幼児との比較や一定の基準に対する達成度についての評定によって捉えるものではないことに留意すること。

・　幼稚園生活を通して全体的、総合的に捉えた幼児の発達の姿。

② 次の年度の指導に必要と考えられる配慮事項等について記入すること。

⑵ 幼児の健康の状況等指導上特に留意する必要がある場合等について記入すること。

3　出欠の状況

⑴ 教育日数

１年間に教育した総日数を記入すること。この教育日数は、原則として、幼稚園教育要領に基づき編成した教育課程の実施日数と同日数であり、同一年齢のすべての幼児について同日数であること。ただし、転入園等をした幼児については、転入園等をした日以降の教育日数を記入し、転園又は退園をした幼児については、転園のため当該施設を去った日又は退園をした日までの教育日数を記入すること。

⑵ 出席日数

教育日数のうち当該幼児が出席した日数を記入すること。

4　備考

教育課程に係る教育時間の終了後等に行う教育活動を行っている場合には、必要に応じて当該教育活動を通した幼児の発達の姿を記入することも可能であること。

5　記入に当たっての配慮事項

学校教育法施行規則第24条第２項において小学校等の進学先に指導要録の抄本又は写しを送付しなければならないこととなっていることから、指導要録の写しを送付する場合における指導要録の作成に当たっては、小学校等における児童の指導に活用すること等を踏まえわかりやすく記入すること。抄本を作成する場合においても同様であること。

別添資料 1
（様式の参考例）

幼稚園幼児指導要録（学籍に関する記録）

年度 区分	平成　年度	平成　年度	平成　年度	平成　年度
学　級				
整理番号				

<table>
<tr><td rowspan="3">幼　児</td><td rowspan="2">ふりがな
氏　名</td><td colspan="4"></td><td rowspan="2">性　別</td><td rowspan="2"></td></tr>
<tr><td colspan="4">平成　　年　　月　　日生</td></tr>
<tr><td>現住所</td><td colspan="6"></td></tr>
<tr><td rowspan="2">保護者</td><td>ふりがな
氏　名</td><td colspan="6"></td></tr>
<tr><td>現住所</td><td colspan="6"></td></tr>
<tr><td>入　園</td><td colspan="2">平成　年　月　日</td><td rowspan="2">入園前の
状　　況</td><td colspan="4" rowspan="2"></td></tr>
<tr><td>転入園</td><td colspan="2">平成　年　月　日</td></tr>
<tr><td>転・退園</td><td colspan="2">平成　年　月　日</td><td rowspan="2">進学先等</td><td colspan="4" rowspan="2"></td></tr>
<tr><td>修　了</td><td colspan="2">平成　年　月　日</td></tr>
<tr><td colspan="2">幼稚園名
及び所在地</td><td colspan="6"></td></tr>
<tr><td colspan="2">年度及び入園（転入園）
・進級時の幼児の年齢</td><td>平成　年度
歳　か月</td><td colspan="2">平成　年度
歳　か月</td><td>平成　年度
歳　か月</td><td colspan="2">平成　年度
歳　か月</td></tr>
<tr><td colspan="2">園　　長
氏名　　印</td><td></td><td colspan="2"></td><td></td><td colspan="2"></td></tr>
<tr><td colspan="2">学級担任者
氏名　　印</td><td></td><td colspan="2"></td><td></td><td colspan="2"></td></tr>
</table>

（様式の参考例）

幼稚園幼児指導要録（指導に関する記録）

			平成　年度	平成　年度	平成　年度	平成　年度
ふりがな		指導の重点等	（学年の重点）	（学年の重点）	（学年の重点）	（学年の重点）
氏名	平成　年　月　日生					
性別			（個人の重点）	（個人の重点）	（個人の重点）	（個人の重点）
ねらい（発達を捉える視点）						
健康	明るく伸び伸びと行動し、充実感を味わう。	指導上参考となる事項				
	自分の体を十分に動かし、進んで運動しようとする。					
	健康、安全な生活に必要な習慣や態度を身に付ける。					
人間関係	幼稚園生活を楽しみ、自分の力で行動することの充実感を味わう。					
	身近な人と親しみ、かかわりを深め、愛情や信頼感をもつ。					
	社会生活における望ましい習慣や態度を身に付ける。					
環境	身近な環境に親しみ、自然と触れ合う中で様々な事象に興味や関心をもつ。					
	身近な環境に自分からかかわり、発見を楽しんだり、考えたりし、それを生活に取り入れようとする。					
	身近な事象を見たり、考えたり、扱ったりする中で、物の性質や数量、文字などに対する感覚を豊かにする。					
言葉	自分の気持ちを言葉で表現する楽しさを味わう。					
	人の言葉や話などをよく聞き、自分の経験したことや考えたことを話し、伝え合う喜びを味わう。					
	日常生活に必要な言葉が分かるようになるとともに、絵本や物語などに親しみ、先生や友達と心を通わせる。					
表現	いろいろなものの美しさなどに対する豊かな感性をもつ。					
	感じたことや考えたことを自分なりに表現して楽しむ。					
	生活の中でイメージを豊かにし、様々な表現を楽しむ。					
出欠状況	年度／年度／年度／年度	備考				
	教育日数					
	出席日数					

学年の重点：年度当初に、教育課程に基づき長期の見通しとして設定したものを記入　　個人の重点：一年間を振り返って、当該幼児の指導について特に重視してきた点を記入

指導上参考となる事項：
(1) 次の事項について記入すること。
①１年間の指導の過程と幼児の発達の姿について以下の事項を踏まえ記入すること。
・幼稚園教育要領第２章「ねらい及び内容」に示された各領域のねらいを視点として、当該幼児の発達の実情から向上が著しいと思われるもの。
その際、他の幼児との比較や一定の基準に対する達成度についての評定によって捉えるものではないことに留意すること。
・幼稚園生活を通して全体的、総合的に捉えた幼児の発達の姿。
②次の年度の指導に必要と考えられる配慮事項等について記入すること。
(2) 幼児の健康の状況等指導上特に留意する必要がある場合等について記入すること。

6　認定こども園こども要録について

20初幼教第9号
雇児保発第0129001号
平成21年1月29日

各都道府県知事
各都道府県教育委員会
附属幼稚園、小学校及び特別支援学校　殿
を置く各国立大学法人学長

文部科学省初等中等教育局幼児教育課長
濱谷　浩樹
厚生労働省雇用均等・児童家庭局保育課長
今里　讓

認定こども園こども要録について（通知）

平成21年４月１日より、新しい「幼稚園教育要領」（平成20年文部科学省告示第26号）及び「保育所保育指針」（平成20年厚生労働省告示第141号）が施行されることに伴い、「幼稚園幼児指導要録の改善について」（平成21年１月28日20文科初第1137号文部科学省初等中等教育局長通知）において幼稚園幼児指導要録について、また、「保育所保育指針の施行に際しての留意事項について」（平成20年３月28日雇児保発第0328001号厚生労働省雇用均等・児童家庭局保育課長通知）において保育所児童保育要録について、記載する事項及び様式の参考例等を示したところです。

これらを踏まえ、認定こども園については教育及び保育を一体的に提供する機能を備える施設であることから、認定こども園における幼稚園幼児指導要録及び保育所児童保育要録に相当する資料（以下「認定こども園こども要録」という。）の作成等に関して、当該資料に記載する事項を別紙１に、また、様式の参考例を別添資料に示しましたのでお知らせします。

つきましては、下記並びに別紙１及び別添資料に関して十分御了知の上、都道府県知事及び都道府県教育委員会におかれては、域内の市町村の関係部局及び認定こども園等の関係者に対して、この通知の趣旨を周知されるようお願いします。

また、認定こども園と小学校（特別支援学校の小学部を含む。以下同じ。）との緊密な連携を図る観点から、小学校においてもこの通知の趣旨の理解が図られるようお願いします。

なお、本通知の発出に伴い、「就学前の子どもに関する教育、保育等の総合的な提供の推進に関する法律等の施行に際しての留意事項について」（平成18年９月15日18初幼教第６号・雇児保発第0915001号文部科学省初等中等教育局幼児教育課長・厚生労働省雇用均等・児童家庭局保育課長通知）を別紙２のとおり改正します。

記

1．様式等について

様式については、別添資料（様式の参考例）を参考として、各設置者等において、創意工夫の下、作成されたいこと。

なお、保育所については、各市町村において保育所児童保育要録の様式を作成することとされているが、認定こども園である保育所が、認定こども園こども要録を作成する場合には、市町村と相談しつつその様式は各設置者等において定めることが可能であること。

2．作成、送付、保存等について

認定こども園こども要録の作成、送付、保存等については、以下の取扱いに留意すること。

(1) 認定こども園こども要録は、学級を編制している満３歳以上の子どもについて作成すること。

(2) 認定こども園こども要録を作成した場合には、同一の子どもについて、重複して幼稚園幼児指導要録又は保育所児童保育要録を作成する必要はないこと。また、認定こども園を構成する幼稚園にあっては幼稚園幼児指導要録を、保育所にあっては保育所児童保育要録を作成することも可能であること。

(3) 作成した認定こども園こども要録については、当該子どもの進学・就学に際し、その抄本又は写しを進学・就学先の小学校の校長に送付されたいこと。

(4) 認定こども園は、作成した認定こども園こども要録の原本等について、その子どもが小学校を卒業するまでの間保存することが望ましいこと。ただし、学籍等に関する記録については、20年間保存することが望ましいこと。

(5) 各小学校においては、送付された認定こども園こども要録の抄本等について、幼稚園より送付される幼稚園幼児指導要録の抄本等に準じて取り扱っていただきたいこと。

3．その他の留意事項について

(1) 認定こども園である幼稚園及び保育所については、認定こども園こども要録の作成にあたり、幼稚園幼児指導要録及び保育所児童保育要録に係る法令上の規定について留意すること。

(2) 個人情報については、個人情報の保護に関する法律（平成15年法律第57号）等を踏まえて適切に個人情報を取り扱うこと。なお、個人情報の保護に関する法令上の取扱いは以下の①及び②のとおりである。

① 公立の認定こども園については、各地方公共団体が定める個人情報保護条例に準じた取扱いとすること。

② 私立の認定こども園については、当該施設が個人情報の保護に関する法律第２条第３項に規定する個人情報取扱事業者に該当する場合については、原則として個人情報を第三者に提供する際には本人の同意が必要となるが、認定こども園のうち幼稚園に在籍する子どもについては学校教育法施行規則（昭和22年文部省令第11号）第24条第２項及び第３項、保育所に在籍する子どもについては保育所保育指針第四章１（三）エ（イ）の規定に基づいて提供する場合においては、例外的に同意が不要となる場合を定めた同法第23条第１項第１号（法令に基づく場合）に該当するため、第三者提供について本人（保護者）の同意は不要であること。

別紙１

認定こども園こども要録に記載する事項

○　学籍等に関する記録

学籍等に関する記録は、外部に対する証明等の原簿としての性格をもつものとし、原則として、入園時及び異動の生じたときに記入すること

1　子どもの氏名、性別、生年月日及び現住所

2　保護者（親権者）氏名及び現住所

3　学籍等の記録

(1) 入園年月日については、当該認定こども園へ入園した年月日を記入すること。

(2) 退園年月日については、当該認定こども園において修了する前に退園した場合に、その年月日を記入すること。

(3) 修了年月日については、当該認定こども園において修了した場合に、その年月日を記入すること。

(4) 幼稚園に在籍した期間については、当該認定こども園在籍期間のうち、幼稚園児として在籍したことがある場合に、その期間を記入すること。

4　入園前の状況

当該認定こども園に入園する前の集団生活の経験の有無等を記入すること。

5　進学・就学先等

当該認定こども園で修了した場合には、進学・就学した小学校等について、当該認定こども園から他の幼稚園や保育所等に転園した場合には、転園した幼稚園や保育所等について、その名称及び所在地等を記入すること。

6　各年度の入園・進級時の子どもの年齢、認定こども園の長の氏名及び学級担任の氏名

7　園名及び所在地

8　その他

指導及び保育に関する記録において最終年度のみを記入する場合は、学籍等に関する記録についても最終年度のみ記入することも可能とすること。

○ 指導及び保育に関する記録

指導及び保育に関する記録は、１年間の指導及び保育の過程とその結果を要約し、次の年度の適切な指導及び保育に資するための資料としての性格をもつものとすること。

1　子どもの育ちに関わる事項

入園から退園・修了までの認定こども園における生活全体を通して、養護と教育の視点から子どもの育ってきた過程を踏まえ、子どもの全体像を通して総合的に記入すること。

2　養護（生命の保持及び情緒の安定）に関わる事項

(1) 子どもの生命の保持及び情緒の安定に関わる事項について、子どもの発達過程や保育の環境に関する事項等踏まえて記入すること。

(2) 子どもの健康状態等について、特に留意する必要がある場合は記入すること。

3　教育

(1) 指導の重点等

当該年度における指導の過程について次の視点から記入すること。

①学年の重点

年度当初に、教育課程及び保育課程に基づき長期の見通しとして設定したものを記入すること。

②個人の重点

１年間を振り返って、当該子どもの指導について特に重視してきた点を記入すること。

(2) 指導上参考となる事項

次の事項について記入すること。

①　１年間の指導及び保育の過程と子どもの発達の姿について以下の事項を踏まえ記入すること。

・　幼稚園教育要領第２章「ねらい及び内容」に示された各領域のねらい及び保育所保育指針第３章「保育の内容」「１　保育のねらい及び内容」「(2) 教育に関わるねらい及び内容」に示された各領域のねらいを視点として、当該子どもの発達の実情から向上が著しいと思われるもの。その際、他の子どもとの比較や一定の基準に対する達成度についての評定によって捉えるものではないことに留意すること。

・　認定こども園での生活を通して全体的、総合的に捉えた子どもの発達の姿。

②　次の年度の指導に必要と考えられる配慮事項等について記入すること。

(3) 出欠状況

①教育日数

１年間に教育した総日数を記入すること。この教育日数は、原則として、幼稚園教育要領に基づき編成した教育課程の実施日数と同日数であり、同一年齢のすべての子どもについて同日数であること。ただし、年度の途中で入園した子どもについては、入園した日以降の教育日数を記入し、退園した子どもについては、退園した日までの教育日数を記入すること。

②出席日数

教育日数のうち当該子どもが出席した日数を記入すること。

4　その他

(1) 認定こども園を構成している幼稚園以外においては、指導の重点等及び出欠状況については必要に応じて記入することとして差し支えないこと。また、児童票等において同様の内容を記載している場合には、最終年度のみ記入することも可能とすること。

(2) 認定こども園を構成している保育所以外においては、養護（生命の保持及び情緒の安定）等については必要に応じて記入することとして差し支えないこと。なお、当該事項について、指導上参考となる事項欄にあわせて記入することも可能であること。

別添資料

（様式の参考例）

認定こども園こども要録（学籍等に関する記録）

区分＼年度	平成　年度	平成　年度	平成　年度	平成　年度
学　級				
整理番号				

<table>
<tr><td rowspan="3">子ども</td><td rowspan="2">ふりがな
氏　名</td><td></td><td rowspan="2">性 別</td><td rowspan="2"></td></tr>
<tr><td>平成　年　月　日生</td></tr>
<tr><td>現住所</td><td colspan="3"></td></tr>
<tr><td rowspan="2">保護者</td><td>ふりがな
氏　名</td><td colspan="3"></td></tr>
<tr><td>現住所</td><td colspan="3"></td></tr>
</table>

<table>
<tr><td>入　園</td><td>平成　年　月　日</td><td rowspan="2">入園前の
状　況</td><td rowspan="2"></td></tr>
<tr><td>退　園</td><td>平成　年　月　日</td></tr>
<tr><td>修　了</td><td>平成　年　月　日</td><td rowspan="2">進学・
就学先等</td><td rowspan="2"></td></tr>
<tr><td>幼稚園に在籍した期間</td><td>平成　年　月　日
～平成　年　月　日</td></tr>
<tr><td>園　名
及び所在地</td><td colspan="3"></td></tr>
</table>

年度及び入園・進級時の幼児の年齢	平成　年度 歳　か月	平成　年度 歳　か月	平成　年度 歳　か月	平成　年度 歳　か月
認定こども園の長 氏名　印				
学級担任者 氏名　印				

（様式の参考例）

認定こども園こども要録（指導及び保育に関する記録）

			平成　年度	平成　年度	平成　年度	平成　年度
ふりがな						
氏名	平成　年　月　日生	養護				
性別						
子どもの育ちに関わる事項		（子どもの健康状態等）				
ねらい（発達を捉える視点）		教育				
健康	明るく伸び伸びと行動し、充実感を味わう。	指導の重点等	（学年の重点）	（学年の重点）	（学年の重点）	（学年の重点）
	自分の体を十分に動かし、進んで運動しようとする。					
	健康、安全な生活に必要な習慣や態度を身に付ける。		（個人の重点）	（個人の重点）	（個人の重点）	（個人の重点）
人間関係	園生活を楽しみ、自分の力で行動することの充実感を味わう。					
	身近な人と親しみ、かかわりを深め、愛情や信頼感をもつ。					
	社会生活における望ましい習慣や態度を身に付ける。	指導上参考となる事項				
環境	身近な環境に親しみ、自然と触れ合う中で様々な事象に興味や関心をもつ。					
	身近な環境に自分からかかわり、発見を楽しんだり、考えたりし、それを生活に取り入れようとする。					
	身近な事象を見たり、考えたり、扱ったりする中で、物の性質や数量、文字などに対する感覚を豊かにする。					
言葉	自分の気持ちを言葉で表現する楽しさを味わう。					
	人の言葉や話などをよく聞き、自分の経験したことや考えたことを話し、伝え合う喜びを味わう。					
	日常生活に必要な言葉が分かるようになるとともに、絵本や物語などに親しみ、先生や友達と心を通わせる。					
表現	いろいろなものの美しさなどに対する豊かな感性をもつ。					
	感じたことや考えたことを自分なりに表現して楽しむ。					
	生活の中でイメージを豊かにし、様々な表現を楽しむ。					
出欠状況	年度／年度／年度／年度	備考				
	教育日数					
	出席日数					

養護：子どもの生命の保持及び情緒の安定に関わる事項について記載すること。また、子どもの健康状態等について、特に留意する必要がある場合は記載すること。

学年の重点：年度当初に、教育課程及び保育課程に基づき長期の見通しとして設定したものを記入　　個人の重点：一年間を振り返って、当該子どもの指導について特に重視してきた点を記入

指導上参考となる事項：次の事項について記入すること。

① 1年間の指導及び保育の過程と子どもの発達の姿について以下の事項を踏まえ記入すること。

・幼稚園教育要領第２章「ねらい及び内容」に示された各領域のねらい及び保育所保育指針第３章「保育の内容」「1　保育のねらい及び内容」「(2)教育に関わるねらい及び内容」に示された各領域のねらいを視点として、当該子どもの発達の実情から向上が著しいと思われるもの。その際、他の子どもとの比較や一定の基準に対する達成度についての評定によって捉えるものではないことに留意すること。

・認定こども園での生活を通して全体的、総合的に捉えた子どもの発達の姿。

② 次の年度の指導に必要と考えられる配慮事項等について記入すること。

別紙２

「就学前の子どもに関する教育、保育等の総合的な提供の推進に関する法律等の施行に際しての留意事項について」（平成18年９月15日18初幼教第６号・雇児保発第 0915001 号文部科学省初等中等教育局幼児教育課長・厚生労働省雇用均等・児童家庭局保育課長通知）の一部改正について（新旧対照表）

（傍線の部分は改正部分）

改　正　後	現　　行
第４　文部科学大臣と厚生労働大臣とが協議して定める施設の設備及び運営に関する基準関係 ６　第五の六について （略） 子どもに関する情報の共有に関し、幼稚園の子どもについては指導要録の抄本、保育所の子どもについては保育所児童保育要録の写しの小学校等への送付が行われているが、幼稚園及び保育所の子どもに限らず認定こども園のすべての子どもについて、子どもの育ちを支えるための同様の資料の送付が行われるようにされたいこと。なお、認定こども園におけるこうした資料の取扱いについては、「認定こども園こども要録について」（平成21年１月29日20初幼教第９号・雇児保発第0129001号文部科学省初等中等教育局幼児教育課長・厚生労働省雇用均等・児童家庭局保育課長通知）を参考に、関係部局の連携を図られたいこと。	第４　文部科学大臣と厚生労働大臣とが協議して定める施設の設備及び運営に関する基準関係 ６　第五の六について 小学校教育との連携のあり方については、国の指針に規定する小学校教育への円滑な接続に向けた教育及び保育の内容の工夫、認定こども園の子どもと小学校等の児童及び認定こども園と小学校等の職員同士の交流、認定こども園と教育委員会、小学校等との積極的な情報の共有と相互理解を図ることが重要であること。 子どもに関する情報の共有に関し、幼稚園の子どもについては指導要録の抄本の小学校への送付が行われているが、幼稚園の子どもに限らず認定こども園のすべての子ども、更には認定こども園以外の保育所等の子どもも含め、子どもの育ちを支えるための同様の資料の送付が行われるようにされたいこと。なお、こうした資料の様式等については、「幼稚園幼児指導要録並びに盲学校、聾学校及び養護学校幼稚部幼児指導要録の改善について」（平成12年３月８日文初幼第491号文部省初等中等教育局長通知）を参考とし、市町村において施設毎に異なる様式等を用いることとならないよう関係部局の連携を図るとともに、都道府県教育委員会においては、こうした幼稚園以外の施設からの資料の送付の取扱いについて遺漏のないよう、市町村教育委員会を通じ管内の小学校への周知を図られたいこと。

7　保育所保育指針の施行に際しての留意事項について（保育所児童保育要録）

雇児保発第0328001号
平成 20 年 3 月 28 日

　都道府県知事
各 指定都市市長　殿
　中核市市長

厚生労働省雇用均等・児童家庭局保育課長

保育所保育指針の施行に際しての留意事項について

平成21年４月１日より保育所保育指針（平成20年厚生労働省告示第141号）が施行されるが、施行に際しての留意事項は、「保育所保育指針等の施行等について」（本日付け雇児発第0328001号厚生労働省雇用均等・児童家庭局長通知）により通知した事項のほか、下記のとおりであるので、十分御了知の上、貴管内の関係者に対して遅滞なく周知し、その運用に遺漏のないよう御配慮願いたい。

なお、本通知は、地方自治法（昭和22年法律第67号）第245条の４第１項の規定に基づく技術的助言である。

記

第１　保育所保育指針の保育現場等への周知関係

保育所保育指針の趣旨・内容が、市町村の担当者や各保育所など保育の関係者に十分理解され、同指針が保育現場における実践に日常的に活用されるよう、施行されるまでの間に、保育所の職員を対象とした研修の充実や市町村等の担当者に対する十分な周知等が必要であること。

また、保育所のみならず、家庭的保育事業や認可外保育施設などの保育現場においても、各々の状況に応じて同指針を参考として児童の処遇が行われるよう、関係者への周知を図るとともに、子育て中の保護者にも理解されるものとなるよう、広く社会への伝達及び普及を図ること。

第２　保育所保育指針に関する指導監査関係

保育所保育指針が、児童福祉施設最低基準の一部を改正する省令（平成20年厚生労働省令第57号）による改正後の児童福祉施設最低基準（昭和23年厚生省令第63号）第35条に基づく告示となることに伴い、児童福祉法（昭和22年法律第164号）第46条第１項に基づき都道府県等が行う児童福祉施設最低基準に関する指導監査の一環として、同指針の遵守状況に関する指導監査を行うこととなること。

ただし、保育の質を向上させるための各保育所における創意工夫や取組を促すことが重要であることから、告示化によりすべての保育所が遵守すべき最低基準として位置付けられることに伴い、従来の保育所保育指針（「保育所保育指針について」（平成11年10月29日児発第799号厚生省児童家庭局長通知）の別添として定めた保育所保育指針をいう。）から内容の大綱化を図ったものであること。

したがって、各都道府県等における「児童福祉行政指導監査の実施について」（平成12年４月25日厚生省児童家庭局長通知）に基づく保育所の指導監査については、保育所保育指針において、具体的に義務や努力義務が課せられている事項を中心に、子どもの発達に応じた適切な保育が行われているかどうか、また、そのための適切な運営が行われているかどうかについて、各保育所の創意工夫や取組を尊重しつつ、実施すること。

なお、その際には、他の事項に関する指導監査とは異なり、取組の結果のみに着目するのではなく、取組の過程（保育実践及びその振り返り、自己評価の取組等）についても尊重する必要があることに留意すること。

また、保育所保育指針の参考資料として取りまとめた「保育所保育指針解説書」については、法的拘束力を有するものではなく、指導監査の際に、同解説書に基づく指導等を行うことのないよう留意すること。

第３　保育所児童保育要録関係

第４章の１の（3）のエ（小学校との連携）において、保育所に入所している子どもの就学に際し、市町村の支援の下に、子どもの育ちを支えるための資料が保育所から就学先となる小学校へ送付されるようにすることとされたが、当該資料に関する様式、取扱い等については以下のとおりであること。

１　資料の様式等について

各市町村において、当該子どもの育ちを支えるための資料の様式を作成し、管内の保育所に配布すること。

様式については、「保育所児童保育要録」として別添１のとおり参考例を示すため、各市町村において、これを参考として地域の実情等を踏まえ、創意工夫の下、様式を作成すること。

２　保育所児童保育要録の作成、送付等について

子どもの育ちを支えるための資料（以下「保育所児童保育要録」という。）の作成、送付、

保存等については、以下の取扱いに留意すること。

また、各市町村においては、保育所児童保育要録が小学校に送付されることについて市町村教育委員会にあらかじめ周知を行うなど、市町村教育委員会との連携を図ること。

⑴　施設長の責任の下、担当の保育士が記入すること。

⑵　作成した保育所児童保育要録については、その写しを児童の就学先となる小学校の校長に送付すること。

⑶　保育所は、作成した保育所児童保育要録の原本について、保育所児童保育要録の趣旨にかんがみ、当該児童が小学校を卒業するまでの間保存することが望ましいこと。

3　個人情報保護の観点からの留意事項について

保育所児童保育要録は、児童の氏名、生年月日等の個人情報を含むものであるため、個人情報の保護に関する法律（平成15年法律第57号）等を踏まえて適切に個人情報を取り扱うこと。

なお、個人情報の保護に関する法令上の取扱いは以下の（1）及び（2）のとおりであるが、個人情報の利用目的の明確化の観点から、あらかじめ、保護者に対して、個人情報を含む保育所児童保育要録の趣旨及びその内容とともに、保育所児童保育要録が就学先の小学校に送付されることを周知しておくことが望ましいこと。

⑴　公立保育所については、各市町村が定める個人情報保護条例に準拠した取扱いとすること。

⑵　私立保育所については、当該保育所が個人情報の保護に関する法律第２条第３項に規定する個人情報取扱事業者に該当する場合については、原則として個人情報を第三者に提供する際には本人の同意が必要となるが、保育所児童保育要録については、例外的に同意が不要となる場合を定めた同法第23条第１項第１号（法令に基づく場合）に該当するため、第三者提供について本人（保護者）の同意は不要であること。

4　小学校との連携について

保育所保育指針において、保育所児童保育要録の小学校への送付が定められるとともに、今般改正された「小学校学習指導要領」（平成20年文部科学省告示第27号）（別添２）においても、小学校と保育所との連携が新たに盛り込まれたところである。

これらを踏まえ、保育所、幼稚園及び小学校の連絡協議会の設置等により交流の機会が設けられ、相互理解が深められることが期待されるが、各市町村においても、市町村教育委員会をはじめとする関係部局と連携し、これらの取組を支援・推進すること。

【別添１】

保育所保育要録に記載する事項

○　入所に関する記録

1. 児童名、性別、生年月日
2. 保育所名及び所在地
3. 児童の保育期間（入所及び卒所年月日）
4. 児童の就学先（小学校名）
5. 施設長及び担当保育士名

○　保育に関する記録

1. 子どもの育ちに関わる事項

保育所生活全体を通して、子どもの育ってきた過程を踏まえ、その全体像を通して総合的に記載する。

2. 養護（生命の保持及び情緒の安定）に関わる事項

（ア）子どもの生命の保持及び情緒の安定に関わる事項について、子どもの発達過程や保育の環境に関する事項等を踏まえて記載する。

（イ）子どもの健康状態等について、特に留意する必要がある場合は記載する。

3. 教育（発達援助）に関わる事項

子どもの保育を振り返り、保育士の発達援助の視点等を踏まえた上で、主に最終年度（５、６歳）における子どもの心情・意欲・態度等について記載する。

保育所児童保育要録

【様式の参考例】

ふりがな		性別	就学先	
氏　名			生年月日	平成　　年　　月　　日生
保育所名 及び所在地	（保育所名）	（所在地）〒　　ー		
保育期間	平成　　年　　月　　日　～　平成　　年　　月　　日　（　　年　　か月）			

子どもの育ちに関わる事項

養護（生命の保持及び情緒の安定）に関わる事項	（子どもの健康状態等）

項目	教育（発達援助）に関わる事項	
健康	・明るく伸び伸びと行動し、充実感を味わう。	
	・自分の体を十分に動かし、進んで運動しようとする。	
	・健康、安全な生活に必要な習慣や態度を身に付ける。	
人間関係	・生活を楽しみ、自分の力で行動することの充実感を味わう。	
	・身近な人と親しみ、関わりを深め、愛情や信頼感を持つ。	
	・社会生活における望ましい習慣や態度を身に付ける。	
環境	・身近な環境に親しみ、自然と触れ合う中で様々な事象に興味や関心を持つ。	
	・身近な環境に自分から関わり、発見を楽しんだり、考えたりし、それを生活に取り入れようとする。	
	・身近な事物を見たり、考えたり、扱ったりする中で、物の性質や数量、文字などに対する感覚を豊かにする。	
言葉	・自分の気持ちを言葉で表現する楽しさを味わう。	
	・人の言葉や話などをよく聞き、自分の経験したことや考えたことを話し、伝え合う喜びを味わう。	
	・日常生活に必要な言葉が分かるようになるとともに、絵本や物語などに親しみ、保育士や友達と心を通わせる。	
表現	・いろいろなものの美しさなどに対する豊かな感性を持つ。	
	・感じたことや考えたことを自分なりに表現して楽しむ。	
	・生活の中でイメージを豊かにし、さまざまな表現を楽しむ。	

施設長名	印	担当保育士名	印

※　「子どもの育ちに関わる事項」は子どもの育ってきた過程を踏まえ、その全体像を捉えて総合的に記載すること。
※　「養護（生命の保持及び情緒の安定）に関わる事項」は、子どもの生命の保持及び情緒の安定に関わる事項について記載すること。また、子どもの健康状態等について、特に留意する必要がある場合は記載すること。
※　「教育に関わる事項」は、子どもの保育を振り返り、保育士の発達援助の視点等を踏まえた上で、主に最終年度（5, 6歳）における子どもの心情・意欲・態度等について記載すること。
※　子どもの最善の利益を踏まえ、個人情報保護に留意し、適切に取り扱うこと。

【別添２】

小学校学習指導要領（平成20年文部科学省告示第27号）（抄）

第１章　総則

第４　指導計画の作成等に当たって配慮すべき事項

２　以上のほか、次の事項に配慮するものとする。

⑿　学校がその目的を達成するため、地域や学校の実態等に応じ、家庭や地域の人々の協力を得るなど家庭や地域社会との連携を深めること。また、小学校間、幼稚園や保育所、中学校、特別支援学校などとの間の連携や交流を図るとともに、障害のある幼児児童生徒との交流及び共同学習や高齢者などとの交流の機会を設けること。

幼稚園教育指導資料第３集「幼児理解と評価」（平成22年７月改訂）
指導資料作成協力者（50音順、敬称略）

（職名は平成22年７月１日現在）

赤　石　元　子　　東京学芸大学附属幼稚園副園長
榎　沢　良　彦　　淑徳大学総合福祉学部社会福祉学科長
大　竹　節　子　　品川区二葉すこやか園長
岡　上　直　子　　練馬区立光が丘さくら幼稚園長
神　長　美津子　　東京成徳大学子ども学部教授
亀ヶ谷　忠　宏　　学校法人亀ヶ谷学園宮前幼稚園長
砂　上　史　子　　千葉大学教育学部准教授
當　銀　玲　子　　浦安市こども部保育幼稚園課主幹
中　川　修　一　　板橋区教育委員会指導室長
野　口　隆　子　　十文字学園女子大学児童幼児教育学科准教授
東　　　重　満　　学校法人東学園美晴幼稚園長
無　藤　　　隆　　白梅学園大学こども学部教授
山　口　由美子　　神奈川県教育委員会子ども教育支援課指導主事

（オブザーバー）
天　野　珠　路　　日本女子体育大学体育学部スポーツ健康学科幼児発達学専攻准教授
（前　厚生労働省雇用均等・児童家庭局保育課保育指導専門官）

なお、文部科学省においては、次の者が本書の編集に当たった。
濵　谷　浩　樹　　文部科学省初等中等教育局幼児教育課長
先　﨑　卓　歩　　文部科学省初等中等教育局幼児教育課幼児教育企画官
湯　川　秀　樹　　文部科学省初等中等教育局幼児教育課幼児教育調査官
津　金　美智子　　文部科学省初等中等教育局幼児教育課教科調査官

篠　原　孝　子　　聖徳大学児童学部児童学科教授
（前　文部科学省初等中等教育局幼児教育課教科調査官）

幼稚園教育指導資料第３集
幼児理解と評価

（平成 22 年 7 月改訂）　MEXT　1-1013

平成 22 年 9 月 30 日　発行

著作権所有　文部科学省
東京都千代田区霞が関3-2-2（〒100-8959）
電話番号　03-5253-4111（代表）

発 行 所　株式会社　ぎょうせい
本社　東京都中央区銀座7-4-12（〒104-0061）
本部　東京都江東区新木場1-18-11（〒136-8575）
電話番号　編集　03-6892-6525
営業　03-6892-6666
フリーコール　0120-953-431

〈検印省略〉

印刷／ぎょうせいデジタル株式会社

※乱丁／落丁本は、送料小社負担にてお取り替えいたします。

ISBN978-4-324-09184-5（5107698-00-000）［略号：幼指導資料3］